この本のなかには
1000のかわいい
手づくりの雑貨が
あります

夢みるかわいい手づくり雑貨　1000の手芸　もくじ

♯1
わたしの いとしい宝もの さがしに
夢のなか 冒険への扉を開けて　6

♯2 着るもの
　　つけるもの　16

♯3
人形と動物たち　50

2

♯4
刺繍の詩集 85

♯5 土で描いた物語 100

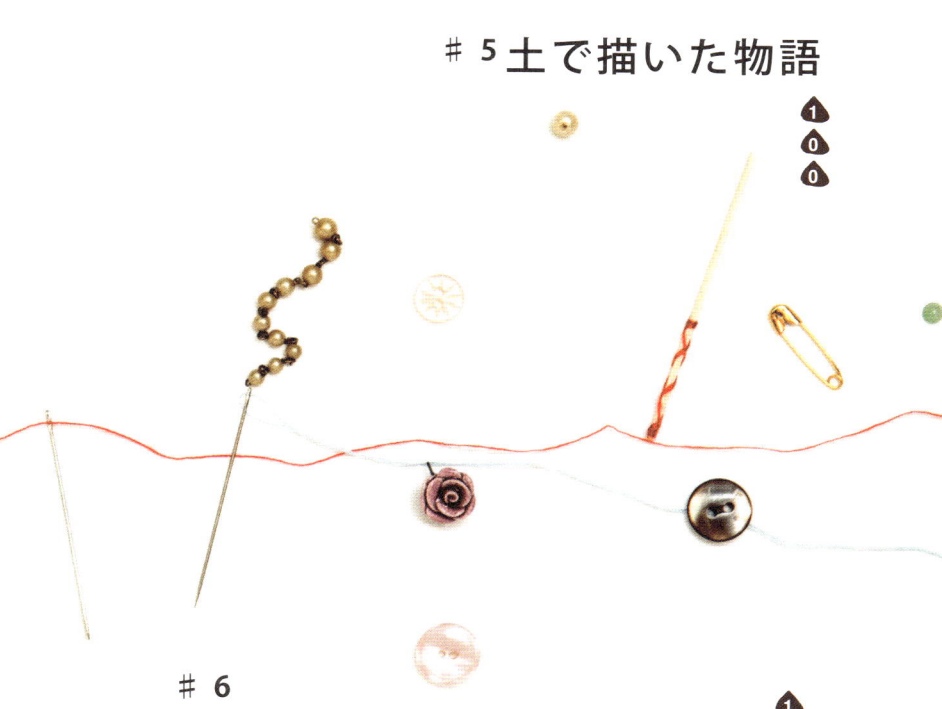

♯6
くらしのなかのいろとかたち 115

♯7 ひとりひとりの素材とモチーフ

❶❹❶

♯8 この本に登場した
　　手づくりの雑貨と
　　ハンドメイドの作家さんの
　　プロフィール
　　　　　　　❶❻❶

1000の雑貨のなかからきっとみつかる

この本は「くりくり」編集室がつくりました

手づくりのたのしみ すてきないろとかたちがいっぱいの
シリーズブックス
この「夢みるかわいい手づくり雑貨」のいくつかのページも
「くりくり」のバックナンバーのページをアレンジしています

 最新号は全国の本屋さんで発売中
バックナンバーも注文出来ます

この本の姉妹版 3冊の本もあります♪

"1000の手芸"を集めて1冊にのせた「かわいい手づくり雑貨」と
続編の「もっとかわいい手づくり雑貨」と"100のつくり方"の本
こちらも二見書房より発売中です♪

「くりくり」編集室が運営するお店 東京のスカイツリーの街 押上のAMULETでは
この「夢みるかわいい手づくり雑貨」に掲載の作家さんの作品たちとも出会えます

http://amulet.ocnk.net/　　http://amulet-blog.cocolog-nifty.com/
Twitter @ AMULETomise　　tel&fax 03.6456.1172

たったひとつの宝ものさがし
　　　　ページをめくって でかけよう

♯ 1
わたしの いとしい宝もの さがしに
夢のなか 冒険への扉を開けて

夢のなか わたしはそこにいる

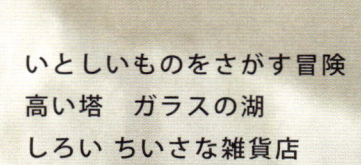

いとしいものをさがす冒険
高い塔　ガラスの湖
しろい ちいさな雑貨店

雑貨店の扉をあけると
あちこち いろんなこえやおと

花咲く棚では
ブローチのドレスたちがくるくる踊る
「いらっしゃいませ こんにちは」
きれいなラインストーンの笑顔 / p.104

テーブルのうえは
布で縫われた動物たちの動物園
「何をおさがし?」「どちらへおでかけ」
鳥たちはとてもおしゃべり♪オウムがえし

布の動物と鳥たち / **p.130** jujubeさんの作品

ちいさな
ささやくこえのする空中庭園
そこには おおきなお人形　不思議なすがたのアクセサリー

「おさがしのいとしいものは ほらあそこ」お人形は棚のうえから 雑貨店のあちこち 指さします
あっち？ こっち？ どっち？ そっち？ まるでどこだかわからない

アクセサリー制作 / HANNAH
シスター社所属 取扱店は Usagi pour toi など
アクセサリーをつくるようになって 10 年以上
毎日楽しく仕事してます。大好きなむかしのプラスチックを
つかってカラフルでなつかしい感じのものをつくってます
Facebook 検索 "シスター社"

アクセサリー制作 / Rico
シスター社所属　Facebook 検索 "シスター社"

ここかしら？

あそこ
かな？

そとからみると ちいさな雑貨店
でもそこは 夢のなかではとてもひろい まるでおおきな街のよう

わたしのいとしいものはどこ？

ちいさくてひろい雑貨店
雑貨のならぶストリート アクセサリーにかこまれた森
どこまでものびた夢のなかの道

なんだか目がまわりそう

くらくら♪

くるくる♪

ほらあそこ なんだか 心ひかれるような

はじめてみる でもずっとむかしからさがしていた 心ときめくすがた
夢のなかの雑貨店で ひとりひとりきっとみつかる いとしいいろとかたち

木目のながれ
地肌のいろあいを活かして
つくった木製ブローチたち
まるで木のなかに眠っていた
すがたをみつけて
掘り出してきたような
あたたかな心地よいかたち

小人の裁縫箱からみつけたような
ちいさな糸巻きピアス

0010 ながめていると木を彫る音が聞こえるよう

つくる人ひとりひとりの指先からひとつひとつうまれた
ハンドメイドのアクセサリー、手づくりの服
世界でひとつだけのたからものの出会いとたのしさ

0011

0012 空を飛ぶとり やわらかなきれいなかたち

0013

0014

#2
着るもの
つけるもの

素材感を活かした
かわいいデザイン
0015

0016

うっすらと
地肌が透けるようにいろをのせて

木を削って彫刻を入れて
光沢や彩色をのせて
同じデザインでもひとつひとつ
かたちもいろあいも違うブローチ
アクセサリーをつくってくれた
→ p.173 ao11 さん

いろんないろのちいさなリボン
やさしいいろのきれいなリボン
自分の手のなかでみつけた
誰も知らないすてきなもののつくりかた

自分だけのいろとかたちを
みつけることのたのしさ

着るもの つけるもの

0018
結ぶ、つなげる
かたちのたのしさを
アレンジ

0019
光沢感のある淡色
おとなかわいく

0017
パールやラインストーン
質感の異なる
素材と組み合わせて

0020
原色を主役に
脇役も
忘れずに

0022
ドロップのかたち
ガラスの透明感がアクセント

0023
耳もとで
ゆれる
ちいさな
かたち

0021
やさしい原色の素材や
モチーフをさがして
ていねいに組み合わせ
自分だけのアクセサリーの
かたちをつくっている
↘ **p. 164** still さん

0025
いくつもつなげて
おおきな
かたちに

0026
セピアのいろで
むかしかわいく

0024
同じモチーフをさまざまな
アクセサリーに

0045
サンストーンとシルクの糸の
ネックレス
太陽の光をうけると
赤くきらきら輝く

天然石の基本のパーツにパールや金、銀
絹やリネンの素材を組み合わせ
シンプルだけどやさしいかたちの
アクセサリーをつくっている

↘ **p.169** yuikonda さん

ハートのかたちのオニキスのブレスレット **0046**
手づくりの箱にいれて

❷❶ 着るもの つけるもの

2
2
着るもの つけるもの

0047
透明といろのガラスで
春の花のすがたを描いた
ペンダント

0048
ガラスのかたちを
イメージのままにカットして

0049 重なる花のうえ 光を透かした水鳥のかたち

0050
季節ごとに
いろあいを変える
花のアクセサリー

0052
やさしいすがた
まあるいスズラン

0051
光のきれいなかたち
リンゴのフォルム

絵を描くようにいろを塗るように
ガラスをカットし溶かして
ひざしをうけて輝き
光を透かしたフォルムが重なる
きれいなアクセサリーをつくる

p.165 clover n* さん

0053
花たちのすがたを重ねて
光のオーナメントも
つくりました

② ④ 着るもの つけるもの

0054 胸元でゆれるピンクのバラ

0055
布花のモチーフの
くるみボタン
コンペイトウ
ノ ミツさんの
ハンドメイド

ミシンと手縫いで
手染めのリネン、レースで服づくり
古着の生地をつかってみたり
刺繍や手編みのドイリーをかさねてみたり

0056
ドイリーのまわりの
デコパージュでつくった
マトリョーシカのモチーフ
p.156のパーツの仲間たち

生地のハギレやレースのかけら、新しいもの
古いもの、集めてソーイングとお裁縫の魔法で
一着一着手づくりで服をつくる
◉ **p.174** コンペイトウノ ミツさん

0057

0058

手づくりのワンピースのバリエーション
のせるモチーフや手刺繍のいろもかたちも、つくるその時ごとにちがいます

↪ p.174 コンペイトウノミツさん

着るもの つけるもの

レースのモチーフのあいだに
むかしの絵画や写真の素材を
樹脂コーティングしてアレンジ
クラシカルであたらしいつけえり
0059

"ふだんづかいできるかわいいもの"を基本に
ソーイング、刺繍で服や布ものをつくっている
p.169 Jさん

❷ ❽ 着るもの つけるもの

同じパターンから起こした服
でも えらんだ生地やディテールの素材
つくる人がちがうとすがたとかたちを変える
手づくりの服

ドレス制作 ➔ **p.169** Jさん

ワンピースにも
春秋のコートにもつかえる
ドレスコートをコンセプトに
オリジナルのパターンを作成

➔ **p.175** Hongou's Factory さん

ロマンチックな服を
一点一点自宅アトリエで手
づくりしている
⮕ p.175 Hongou's Factory さん

0061
トレスコートの
厚手の生地のバリエーション

モデル／佐藤直子
うさぎバッグ制作／津田 秀

着るもの つけるもの ③ ①

0077
切手のうえの
西の遠い国、むかしのかたちへの
ちいさなオマージュ

0078
切手にちくちく金糸の刺繍
フリンジのような糸のふちどり
すてきなブローチ

切手や紙ものに直接、刺繍をして
自由な発想でハンドメイド

0079

0080
切手とリネン、レースを
コラージュした布の
ペンダント

0081

0082

メダイのような
不思議なかたち
0083

0084

0085
くさりのかたちの
ステッチが
きれいかわいい

0086

0087
左のページのMOOROOMさんの
指輪とくらべてみると……

0088

0089
ちいさな切手の
ピンブローチ

むかしといまの
素材を組み合わせ
針と糸ですてきなものを
つくっている

0090

p.162 kotorieさん

0091

0092
自然のかたちをベースに
手しごとのアトラクションを
くわえて

0093
ドライフラワーの素材も
自由に組み合わせた
やさしいいろとかたち

ブリザードフラワーを素材に
四季の花、野や森の草木の
お部屋のかざりや身につける
アクセサリーをつくっている

p.167 atelier bloom さん

0094
森からの贈りものを
エバーグリーンの
リースにアレンジ

0095
真ちゅうのちいさな
葉っぱもアクセント

いろあいを変えて
ロマンチックなリースに
0096

耳元でゆれる
花のかたち
0097

0098

0099

北の国のすずらんのすがたといろあいを写して
シルクでつくる葉の光沢も美しい
0100

0101
ベルベットのスミレ
こてをまあるくあてた
花弁のかたち

毎日をすごす庭の花
野の花たちの思い出を
身につけるもののかたちに
刻むようにコサージュの
手法で作品をつくる

⏷ **p.171** teilleul さん

染めのいろあいのきれい
ブーケのコサージュ
0102

しろつめ
かわいい春のモチーフ
0103

0104 ハサミでカットしデフォルメされた花のかたち

着るもの つけるもの ③ ③

みっつのいろの
チューリップのコサージュ
星ふる夜の庭から
摘んできたよう

0105

つぼみのなか
花弁の奥のどこかに 夢みる心がかくれているよう

彩華さん **0107**

凛子さん、心に青いとり
0108

0109

着るものつけるもの ❸❺

0106
思わず目をひく
ブローチの女の子
みんな名前が
ついています
この子は、敬美さん

0110
亜美さん

0112
帽子がお似合い
陽子さん

0111

珠江さん

フェルトに刺繍、パッチワークで
乙女のブローチ、レトロな
アクセサリーをつくっている
↘ **p.166** gren*さん

❸ 着るもの つけるもの
❻

0113
レトロなファッションの
順ちゃん

0114 時江さん

修子さんは
花売リ娘？
0115

真理ちゃん **0116**

0117
おすまし
佐和子さん

0120
美和さんったら…

0121
時江さんは
三重人格

ご近所にお住まい
地球子さん
0118

0119 お隣の小柄な月子ちゃん

水星子さん
0122

0123
これは nijico さんの
指輪の女の子

太陽系乙女たち
8人のとじた瞳がミステリアス

0124
木星子さん

0125
太陽子さん
ほんとはみんなのお母さん？

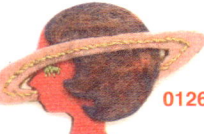

0126 土星子さん

0127 麻紀ねえさん

火星子さん **0128**

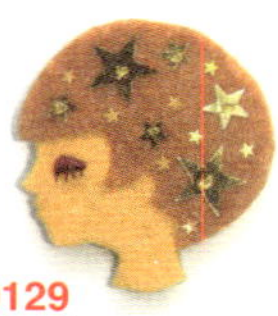

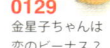

0129
金星子ちゃんは
恋のビーナス？

チューリップハットの
真奈美さん
0130

0131

nijico さんの
刺繍の顔のペンダント
0132

0134 ホクロがセクシー
昭子さん

0133 男の子もちゃんといます

唄子さん
もしかしたら関西のご出身？
0135

0136 千代子さん

指輪のうえには
サーカステントの風景も
0137

アルファベットの
ブローチです
0138

みんな裏もフェルトのブローチです

0139

布で絵を描くように
毎日つかうものをデザイン＆ハンドメイド
顔モチーフのたのしい連作もつくっている

↪ p.165 nijico さん

0140 かわいい
顔の指輪たち

0141

0142

0143

0144

風に吹かれる？ブローチたち

物語のなか むかしの

不思議の国のアリスの登場人物をテーマに
絵を描いてプリントしたワンピース **0145**

自分で描いた絵から
シルクスクリーンで布にプリント
パターンや図案を起こして服づくり

↘ **p.172** jujube さん

本のさし絵のなかのような服

"ページのなかから現れよ♪"
手づくりの魔法がかなえてくれた服

0146
むかしの少女服のような
きれいなかたちのワンピース
🧵 **p.163**
スモッキング Atelier Green さん

ココドコ
？？？

着るもの つけるもの ❸
❾

和装のしぼりのように
スモッキングでしあげた
ブックカバー
0147

布にひだをよせながら刺繍する
スモッキングの方法でむかしの
少女のような服や布小物を
ひとつひとつくってくれた

🔗 **p.163** スモッキング Atelier Green さん

着るもの つけるもの 4-1

0148

0149

0150
糸の素材感をそのまま
アレンジしたやわらかピアス

0151
糸と
クリスタル
違う質感を
組み合わせて

天然石のいろとパーツで自然のかたちを写すように 0152

パーツをひとつひとつえらんで
ポイントにハンドメイドの手法をつかってつくった
いつまでもあきないアクセサリー

空のくものような
かたちに
糸を編んで
0153

0154

パールとリネン
自然のいろと彩色の
コントラスト
0155

0156 糸と天然石のシンプルだけどきれいなネックレス

シンプルなかたち、素材の質感を
ディテールの基本としながらもかわいいすがた
ロマンチックな味わいのあるアクセサリーを
つくっている　　p.172 lull さん

0157
糸とパーツの
オブジェのようなペンダント

0158
ほんのりやさしい
同系色のモチーフの
組み合わせ

かぎ針編みの星たちを
つなげたペンダント
0159

かぎ針編みで
つくったドレス
金ものパーツと合わせて
ストーリーのあるものづくり
0160

つくりたい
イメージに合わせて
糸のいろ 太さ
素材を替えて

レース編みの糸とかぎ針で
ひとつひとつ指先で編んだ
ちいさなかたちをつないで
きれいなアクセサリーをつくってくれた
⮕ p.169 手芸工房☆冬の星さん

星たちのモチーフを
ピアスにアレンジ
0161

0162
ビーズやリネンと合わせてみると

0163

0164
3つのモチーフを立体的にアレンジ

0165
ひとつひとつつくった
ドイリーをつなげた
リースのようなネックレス

ベースには
ねこのシルエット
0166

0167
あたたかな春のいろの
バリエーション

耳元でちょうちょがゆれる **0168**

ちょうちょのすがたに編んだ
モチーフを指輪にのせて
0169

0171 ちっちゃなレース糸のベビーシューズは、誰のもの？

0170
レース糸の
バスケットには黒ねこ子ねこ

4

3 着るもの つけるもの

ビンのなかに
描かれているのは……

0172

樹脂のつかい方は
つくりたいもので いろいろ
型をつかわず
注いでのせたり 筆でぬったり
ぴったりの方法をさがす
たのしさ

0173

0174
megu さんにお願いして
つくってもらった
球のなかで
踊る
バレリーナ

0175
懐中時計のなかに
樹脂を注いで

自作のイラストに
樹脂をのせて
世界でひとつの
アクセサリーをつくる

🔗 p.172 megu さん

0176

溶けたガラスように
しっかりと
花たちをつつむ
ALCHEMILLA さんの
樹脂の作品たち

0177

0178
Merci ＊ Mercerie さんの
ブナの実の指輪

0179

0180 不思議の国のアリスの物語をイメージして

0181
ブナの実とふんわり感の素材をアレンジ **0183**

0182
ブナの実の
モチーフを
ブレスレットや
指輪にアレンジ

0184
森の木の実や
もうつかわないボタン
ちいさなかけらから
樹脂でものづくり

🔗 p.175 Merci ＊ Mercerie さん

アンティーク風のいろあいに
アレンジしたペンダント
0185

樹脂でコーティングした
花のいろとかたちで
アクセサリーをつくる
p.168 ALCHEMILLA さん

0186

生花のときの
いろとかたちを
そのままに

0187

クローバーの葉っぱの
押し花を樹脂で固めて

0188

0189
大輪の三色スミレ
胸もとでほほえむ顔のよう

0190

着るもの つけるもの ④ ⑤

0191
小花たちのちいさな花園

0192

樹脂の光沢が花たちのいろあいに深みをくわえる **0193**

0194

0195 きらきらかがやく
全身ビーズのねこ

太鼓たたきのパンダ
ペンダント
0196

アコーディオン弾きのカエルくん **0197**

0198 両腕の長い手長ザルをそのままブレスレットに

0199 背中の針も
いっぽんいっぽん
ビーズのリング

0200
ゴージャスなバタフライ

UFOと宇宙人ブローチ
0201

氷のうえの
しろくまブローチ
0202

0203

いままでのビーズのチャーム
アクセサリーではみたことのない
たのしいすがた、意外なデザインの
作品をつくってくれた
🔗 p.171 muzina さん

0204

ネックレスの枝のバスケットの果には
ひなどりたち

0205

着るもの つけるもの ❹❼

0206
ブローチねこの手には
トリコロールの風船

パンダの風船旅行ブローチ **0207**

0208
秋の枝のネックレスには
リスたちが遊ぶ

絵本のなかの登場人物
背景やお家やのりもを
みんなビーズ細工に変えた
みたことのないアクセサリー

0209
それぞれの木馬までしっかり
きらきら回転木馬

0210

0211 けむりをはいて機関車はすすむ

0212
ペンダントのしろうさぎ
手にしているのは望遠鏡？

④
⑧
着るもの つけるもの

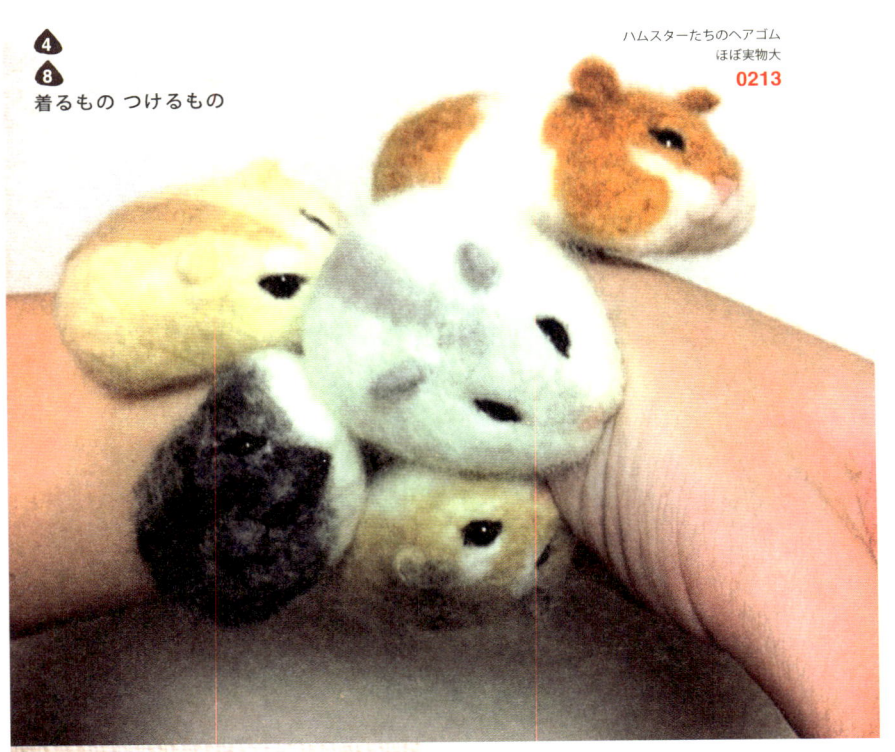

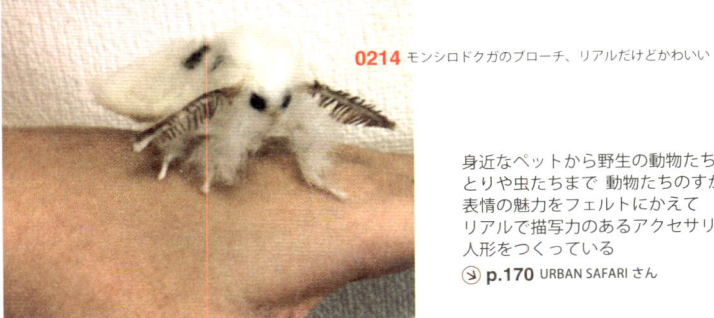

ハムスターたちのヘアゴム
ほぼ実物大
0213

0214 モンシロドクガのブローチ、リアルだけどかわいい

身近なペットから野生の動物たち
とりや虫たちまで 動物たちのすがたや
表情の魅力をフェルトにかえて
リアルで描写力のあるアクセサリーや
人形をつくっている
⇨ **p.170** URBAN SAFARI さん

サファリの野生の
動物たちが胸もとの
草原であそぶ

0215

雄のたてがみ 雌の表情
フェルトのきれいな絵画のよう
0217

0218

0216
マフラーの道を
動物たちはゆく

5 0

窓のそとの 光のある場所
しあわせな時間を待ちつづけるように
女の子はほほえむ
0219

森のむこうの子ども劇場
幕を開けるとはじまる
しあわせな奇跡がおとずれる一幕のような
粘土でつくられた人形と動物たちのすがたと表情

0220

0221

0222

0223

#3 人形と動物たち

いつまでもいっしょにいたい 部屋の窓辺 手のひらのうえのお友だち

まっしろな粘土のちいさなつばさの天使 0224

ストーリーを感じる
人形たち動物たちを
羊毛フェルトや
粘土でかたちにしている
▷ p.162 ナガサカ ヒサコさん

0225　0226　0227　0228　0229　0230　0231　0232　0233　0234　0235

5 人形と動物たち
2

物語の動物たちのすがたを
リアルだけどかわいく羊毛フェルトで
表情ゆたかにかたちにしてくれた
↳ **p.173** Woolen Dogs*Samantha* さん

絵本のページをぬけ出して
人形たちのならぶお店の棚に
そっとやってきたみたいな
赤リスたち
0236

子どものころに読んだ絵本
物語のさし絵のなかの
思い出の情景がそのまま現れたよう

0237
ブレーメンからやってきた？
ハメルンの動物たち

人形と動物たち **5**
4

0238

おおきさはエビチリ（作家談）
くらい、でも表情や毛なみ
手足のかたちはとっても繊細
とてもかわいい森の住人を
つくってくれた

🔍 p.170 こむらたのりこ
ko*mu さん

0239 リスのたからもの

モヘアの
マフラーもふんわり
0240

ピッピ♪

0241
いつもねている
はりねずみ

0242
ひなどり
です♪

0244

0243
アヒルの子どもと
どんぐりあそび

しろうさぎのマペット
ほぼ実物大？ 0245

0246

本のうえで本を読む
0247

0249

0248

きつねの手には
ちいさなミトン
0250

0251

きらきら輝く瞳で
じっとどこかをみつめている
いつまでもいっしょにいたいお友だち

0253

0252 あかオニさんと
水いろオニさん

0254 黒いとりことり♪

0255

0256
なかよし
カッパふたり組

0257
赤い花がお似合い
しろうさぎ

人形と動物たち 5️⃣ 7️⃣

うさぎさん
おおきな花を頭にのせて
0258

おおきなテディベアをつくる手法をつかって
手のひらにちょこんとのる位のとてもちいさな
みたこともない動物たち とりたちを
つくっている
　p.163 kuna さん

0259 おとぎ話の世界ではとってもやさしいしろオニさん

不思議なナンセンス絵本のなかから飛び出してきたような
へんてこ♪てこてんてんてんの動物たち

0260
ワニかな？カエルかな？
それとも……

0261

0262

0263

0264

0265

0266

刺繍の糸で絵を描くように
楽しい表情をくわえて

0267

0268

0269

5
8

人形と動物たち

0271 箱を開けるとましかくサイコロねこ

0270

0273 うずらのたまごはほんもの どうやって入れたのかな？

0272

羊毛フェルトの不思議かわいいねこと
動物たちのすがた、ちくちく刺繍で
目鼻を描いてつくってくれた

p.162 高田ナッツさん

ぐったりすやすやくったりねこ
0274

しっぽもちゃんと
くったりねこ

たまごのなかは柄も表情もいろいろ **0275**
ほんとは1ダースのたまごケースに12匹入り

ほんとに
サイコロとしてもつかえそう

ころころ

くったり

ニードルでフェルトをちくちく
しっかり刺して、ごろごろにやにや
わくわくゆかいなポーズと表情の
ねこと動物たちをつくっているのは

🖐 **p.174** BINSさん

座ぶとんにおすわり
いらっしゃいませ♪ねこ
0276

0277 じっと見つめる黒点のおめめがかわいい

0278

0279
おてにゃん

すやすや眠りねこ **0280**

0281
一匹一匹手づくりだから
みんな違う表情いろんな性格

0282

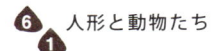

フェルトのちょうちょ
ブローチも
きれいな水玉もよう
0283

こっちのページにも子ねこちゃん
しっかりかかえるうさぎさん

↪ p.166 Sleepy Sheep さん

0284
うさぎさんの名前は Sally
いろんなすがたの作品があります

きいろのおめめのかつらねこ **0285**

6-1 人形と動物たち

0286

0287

青いリボンに青い服、お靴
眠りの国の女の子
0289

0288
やさしい表情
どこかで
お会いした
思い出

0290

0291

0292
箱のなかからおはよう
ひつじくん

0293

0295

すやすや眠り子ねこ
0294

0296

とじた瞳、ほほえむ表情の草冠やリボンの
女の子、ふんわり毛なみの動物たち
黒い瞳のうさぎの sally
なんだかみんな夢みているようなかわいい
フェルトの作品をつくってくれたのは

👉 **p.166** Sleepy Sheep さん

0297
うっとり眠りの三美神
のよう

6
3 人形と動物たち

不思議の国の女の子
眠りからさめるとそこは……
0298

0299 くろねこさんの箱はこちら ピンセットで着せ替えます

0300

マッチ箱よりちいさな
紙箱がくまのお家です
0301

0302

ちいさなちいさな
鉛筆の先くらいの目鼻や
ディテールまで刺繍や
ソーイング、かぎ針編みで
人形や動物たちとその
持ちものや靴や服まで
こつこつつくってくれた

→ p.164 mocoさん

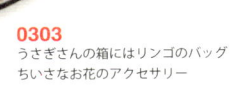

0303
うさぎさんの箱にはリンゴのバッグ
ちいさなお花のアクセサリー

0304

0305 動物たちのお友だち　人差し指くらいのぬいぐるみ

0306
ノアの箱船のアララット山
ピンクッション

0307

人形と動物たち
6 5

箱船の乗客の
ピンの頭の動物たち
スェードでつくった
ちいさなちいさな
ぬいぐるみ

パン屋さんのリスくん
ねずみやうさぎさんもいます
0308

どんどんちいさく でも ていねいにつくりたい
イメージに合わせた素材をつかって
人形と動物たちのいる場所を手づくりのかたちに

0309

とってもおおきな
布シャンデリア
0310

ゆりの花の
ブローチです
0312

0311

0313

おいしい
チキンの
ぬいぐるみ

布のロザリオ
刺繍のイエスさま
0314

0315

0316

イメージにぴったりの
布をさがして縫って
刺繍を入れて他の誰にも
つくれない人形づくり

p.170 アトリエ原始人さん

ショートケーキ
ローソクつきもあります
0317

メキシコのマリアさまのよう
0318

シャケの切り身ストラップ 0319

❻
❻

人形と動物たち

0320
水やりの必要なしの
クワズイモ

0321

0322
仏さまも
金の布でぬいぐるみ♪

パリジェンヌの
ぬいぐるみ？
0323

金魚鉢もえさいらず 0324

三角帽子のオットセイ
バッジです
0325

0326 花動物？のバッジだそう

0327
ふぐの
キーホルダー

0328
へびマフラー
お口もひらきます

0329

0330
ダチョウかばん
のっているのはストラップと
バッジのぬいぐるみ

チャームです

0331
休憩とり
ストラップ

0332
てんとうむしの
"てんとうむしこ"

0333
もぐら人間？

古着を素材にソーイング
みたこともぬいぐるみと動物たちを
手と指とイメージでつくりだす

p.167 くにはらゆきこさん

0334

0335

0336
ねずみは指人形
赤耳うさぎは
バッジです

0337
意地悪うさぎ
ねこもへんてこ

0338

0339
どやらきくん
身長35センチなり

0340

人形と動物

0341

0342 クルミのペンダントのトップのなかはことりの巣

0343 ちょっとおおめ しろやぎブローチ

0344 羽ばたくインコのフェルトブローチ

0345 きのこの森の妖精のよう

0346 きれいな赤の首輪がすてき

0347 赤ずきんの女の子ブローチ

フェルト、布、糸、紙、そして大好きな古いもの、素材をつかってほかの誰にもつくることのできない表情、しぐさの作品をつくる

p.171 mannenRou さん

0348 きらきら輝く青い瞳が印象的

0349 脚もしっぽも動かせるブローチです

0350 サーカスくま フェルトでしっかりつくっています

0351
つばめのブローチ
ハッピープリンスのおつかいのように
ちいさな銀の幸福のしるしをくちばしに
胸元の空をとぶ

手のひら大のおおきなサイズのブローチです

きのこによりそう
森の住人のかわいいすがた
むかしの童話のさし絵のなかの
ちいさなけしきのよう

ワインレッドの瞳で
じっとこちらを見つめるよう
0352

0353
赤いきのこは
野うさぎといっしょ

0354

0355
黄いろのきのこに
森のふくろう

ロバさんも
赤いきのこがお気に入り
0356

0357 いろんないろのフェルトを重ねて

7
0

人形と動物たち

0358 うさぎ耳赤ずきんの女の子はくまが好き

0359 本のなかからやってきた
王子さまとウワバミ

0360 うさぎの男の子はふたりのともだち

永遠の時間のなかをすごすような
子どもたち動物たちのすがたを
人形のかたちに写してくれた

↘ **p.173** ウエノミホコさん

0361

0362

0363

0364
友だちの花に
ささやきかけるようにみつめる
星の王子さま

0365

0366
うさぎ耳ケープの
女の子男の子

0367

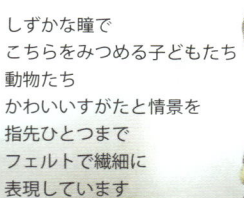

0368
お人形の女の子がもつ
お人形のくまもていねいなしあがり

0369

物語では
さびしかった
人魚姫も
しあわせそう
0370

しずかな瞳で
こちらをみつめる子どもたち
動物たち
かわいいすがたと情景を
指先ひとつまで
フェルトで繊細に
表現しています

0371

0372

0373

0374

0375

0376

0377

0378 青いとり
かごにもどって
きたのかな？

0379

0380 なかよしひとりと一匹

同じやさしい黒い瞳の
ひつじと男の子
0381

0382

0384

0383 人形の表情と瞳、どこかつくった作家さんと似ています

0385

0386

0387

0388 しあわせの青いとりと
子どもたち

❼❸
人形と動物たち

0389

窓からの光のなかで
表情が変わる
0391

0390
テーブルのうえの
ちいさなバレリーナ

北の光のさす遠い国の少女のような
人形たちとそのすがたを羊毛フェルトで
描くように、黒猫がアクセントの作家さん

p.166 Musta Kissa さん

0392

0393
ひとりひとりのポーズに
ぴったりの手づくりの服

人形と動物たち

7 5

0394
かわいいふわふわパンダが
ねごろあきこさんの基本

おまるのようなスワンに
のせてみると
0395

しろくろまんまるかわいいパンダ
シンプルだからこそ、つくる人ひとりひとりのすがたとかたち
フェルトのさわりごこちの違いもはっきり

0396

緑の原っぱでうさぎさんと
いっしょに遊ぶパンダたちを
つくってくれたのは

👉 **p.166** Sleepy Sheep さん

0397

羊毛フェルトでつくった
ふんわりやわらかなかたち
部屋のなかで遊ぶいろんなパンダと雑貨をつくっている

👉 **p.163** ねごろあきこさん

0398
ニードルでしっかりかためにさした
くっきり瞳の人形と動物たちを
つくっているのは

↘ **p.165** R工房さん

0399
ちょっと
チャップリンに似ています

うさぎの Sally は
p.61 からパンダに会いに
やってきました♪

0400
ねころさんパンダのストラップ
こちらはふんわり

ちょっとリアルな
SleepySheep さんパンダ

0401
すくりと立って
前をみつめるくまくんズ

0402

0403

0405
80秒間
世界一周♪

0404

0406

❼ ❼
人形と動物たち

0407
ハワイアンの衣装もすてき
窓のそとにもお友だち

かわいいふたご
0409

0408

お人形というよりぬいぐるみ
だっこしていっしょにおひるねして
気持ちいいお友だち

どこの子?
森の子
不思議な子
0410

0411

0412

0413

0414

0416

0415 アイラブ
ぞうさん♪

0417 生まれたてチリン

0418

ロバロバの行進です

0419 歌って踊れる
人気者

0420

ライライちゃん♪
0421

動物ごとにいろんな素材えらび
パターンからおこして個性も
それぞれぬいぐるみをつくる
p.168 noconoco さん

0422

何ねこ?
茶ねこ
0423

0424

0425 リンゴ帽子の女の子
おさげつきブローチ

0426

0427

0428

0429

0430

0431

0432

0433

0434

0435

0436

0437

0438 しろねこちゃにゃん
ぐれの３匹ブローチ

ちっちゃなサンタひつじもいます

0439

0440

0441 フェルトの夜空を旅する
魔法つかいのバレッタです

人形と動物たち 7/9

フェルトの顔のちいさな女の子 動物たちで
胸元のブローチや手のなかのストラップを
つくってくれたのは

🧵 **p.170** siui la run さん

0443

0442 ペンシルキャップが やってくる

じっとみつめる 指人形です
0444

0445

0446 ねこの顔がいっぱいカラフルコースター

ハンカチのすみに ニードルでちくちく
0448

0447

羊毛を自分で染めて紡いで
ニードルやウェットの手法で
動物モチーフのフェルト雑貨をつくる
⇒ p.166 a*nさん

0449

手染めの森のモチーフ 0450

0451

❽ ❶ 人形と動物たち'

おじさん顔が 不思議かわいい
0453

ミステリアス' まあるいねこ
0454

0452

0455

0456 ほんとはずっとおおきい
ねこアクセサリー

0457

0458
こちらをみつめる
不思議なとりのモチーフ

0459
紡いだ羊毛を編んで
きのこのモチーフをつくりました

➲ p.164 村瀬夏子さん

0460
ひつじのブローチ
眠りの国へとかけていく

さあさあ ページを開けると
不思議の国の本から飛び出した動物と人形たちの
いるところ

0461

マペットのように関節をまげるうさぎくん **0462**

おとぎ話の挿絵のなかの扉のむこう
物語のページに連なる文字の隙間から
そっとこちらに抜け出てきたような
人形と動物たち

0463 夜の湖でスワンは天使がのびするように
白いつばさを静かにひろげる

0464
白ふくろうはむかしの宗教画の人物のように
うっすらと瞳をひらき前ををみつめる

0465 本のなかの夜の森の住人は
活字の隙間から異なる解釈の
ことばをささやき
羽毛をふくらます

0466 フェルトのきのこのオブジェたち
ペンダントのトップやブローチにアレンジされています

人形と動物たち 8

0467 ちいさなふくろうはページのなかへの案内人

0468 手紡ぎの毛糸で編んでつくった物語の森のむこうでくらす女の子

0469

羊毛フェルトと糸からの天然染色、糸紡ぎ
手編みの手法を組み合わせて表情豊かな動物たち
人形やオブジェの作品をつくっている
p.164 村瀬夏子さん

0470
くろねこしろねこ
フェルトのブローチ

人形と動物たちの物語のページの文字は
読む人の瞳のなか 空想の糸へと紡がれ イメージの針にすくいとられる
と森のみみずくのささやく声がきこえるような

0471
森の魔女のおつかい
みたいなブローチ

心に浮かんだイメージは

森のきのこは
人の夢のなかを
旅していく羊たちの
大好物だったり
そうでなかったり

0472
フェルトで描いた
海のタコくん

♯4 刺繍の詩集

瞳のなか 糸へと紡がれて 針をさす人のふくらむ思いはリズムと
テンポへとかわりステッチを刻む

木々はフェルトをベースにステッチをアレンジ

野にたつ花
すがたをそのまま
刺繍のかたちに
0473

0474
ブルースターのような
いろあいの花を立体刺繍で

0475
屋根や窓、扉の
デティールをステッチした田舎家

イギリスの伝統手芸として発展した
刺繍で浮き出たような描写、立体の表現をつくる
スタンプワークの手法で花や自然のディテールを
モチーフにすてきな作品をつくっている

↪ p.175 花音舎 / 岩田由美子さん

8
6 刺繍の詩集

0477

布にサテンステッチした
パンジーの布ブローチは+mさんの作品
「くりくり」no,10（p.5参照）に掲載のもの

0479

空飛ぶツバメの
ちいさな刺繍
0476

0478

自然の野のすがたといろをそのまま写して
空想のいろとかたちをイメージが浮かぶままに糸を選んで ステッチで描いて

小川の橋
畔の東屋の壁にはつるバラ
0480

小川のある風景を
スタンプワークで
つくってくれた
→ **p.175** 花音舎／岩田由美子さん

0481

バラの花弁それぞれを立体につくった刺繍のブローチ **0486**

0485

0482 　0483 　0484
図鑑をさがしても見つからない
空想のちょうちょ？

糸の表面にうかぶ光の陰影がきれい **0490**

0487
糸替えでいろの繊細な
グラデーションを表現

0488

0489

0491

野鳥のすがたを糸で描いて
刺繍のブローチに

0492

0493

0494

0495

0496

糸でしか描くことのできないみたことのないスミレやビオラ
花や鳥、自然のいきものたちを立体刺繍のブローチにしてくれた　**p.175** deux cocons さん

0497

0498

0499
ツユクサ
緑と青の夏のいろ

0500

水いろから紫にかわる梅雨のあじさいをコサージュ風のブローチに **0501**

0502

0503
庭や野の自然の花には
みたことのない花のいろも刺繍で作品に

0504

0505
野うさぎの毛なみを
ステッチで描きました

0506

0507

0508

0509
同じデザインでも
ひとつひとつ糸を替えてつくります

0510

0511
ツバメの背には刺繍で描いた
チューリップは「おやゆび姫」の象徴
それでは花のなかの王冠は？

子どものころに読んだ物語の思い出
いつか訪れたい遠い国の伝統手芸への"想い"を
身のまわりのものを手づくりしたいという"思い"に重ねて
毎日つかうすてきなものの出来あがり

刺繍の詩集

東欧北欧、ロシア
遠い国にむかしから伝わる
民芸のような図案、モチーフから
毎日つかうものを刺繍で
つくってくれたのは

→ p.168 UZUM さん

0512
ロシアのおうちみたいな
刺繍のモチーフ
ブローチにしたり
ワッペンのように
縫いつけてみたり

0513

0514 民芸風のきれいないろづかい

同色系のバリエーションの糸を選んで
シンプルだけど楽しい

0515

植物、動物、自然のモチーフを
東欧の絵本の図案のように
刺繍でちくちく

0516

0517 布小物のワンポイントにつかってみたい

0518
ステッチで描いた
赤いバラがアクセント

0519 クロスステッチでうめた
ドットのかたちを布地にアレンジ
かわいいがま口

0520

0521 ちいさなピンクッションにも
イニシャルをアレンジ

9
0 刺繍の詩集

こぎん刺しのようなシンプルな図案のピンクッション

0522 キノコとこびと
赤をポイントにかわいい
いろづかい

0523
プリンスエドワード島の
いまもそのままの灯台の情景
草原をすすむアンの背景に
赤い屋根をアクセントに

ずっと大好きだった『赤毛のアン』の情景を
身につけたクロスステッチの手法で糸を選んで
さしてゆきます

クロスステッチで一目ずつていねいに
図案のいろ目を埋めて、アクセサリーの
小物からお部屋を飾るインテリアまで
刺繍で描いた世界でひとつの作品を
つくってくれたのは

p.162 Bambooboo さん

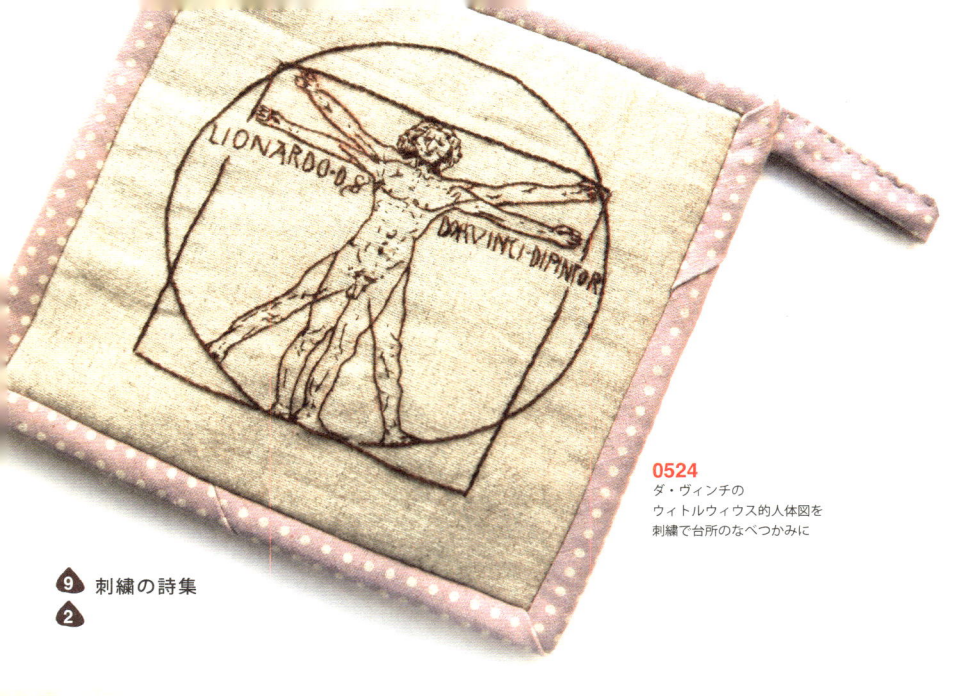

0524
ダ・ヴィンチの
ウィトルウィウス的人体図を
刺繍で台所のなべつかみに

9 刺繍の詩集
2

いままでの刺繍作品では
みたことがないような

欧米の人気の絵本や
物語のさし絵でも
作家の著作権が無効なら
すきな絵をいろんなものに
刺しても大丈夫
スイスの絵本画家
クライドルフ（1956年没）の
花や虫たちの人物を
フランス刺繍できれいないろの
糸で描くとどんなだろう？

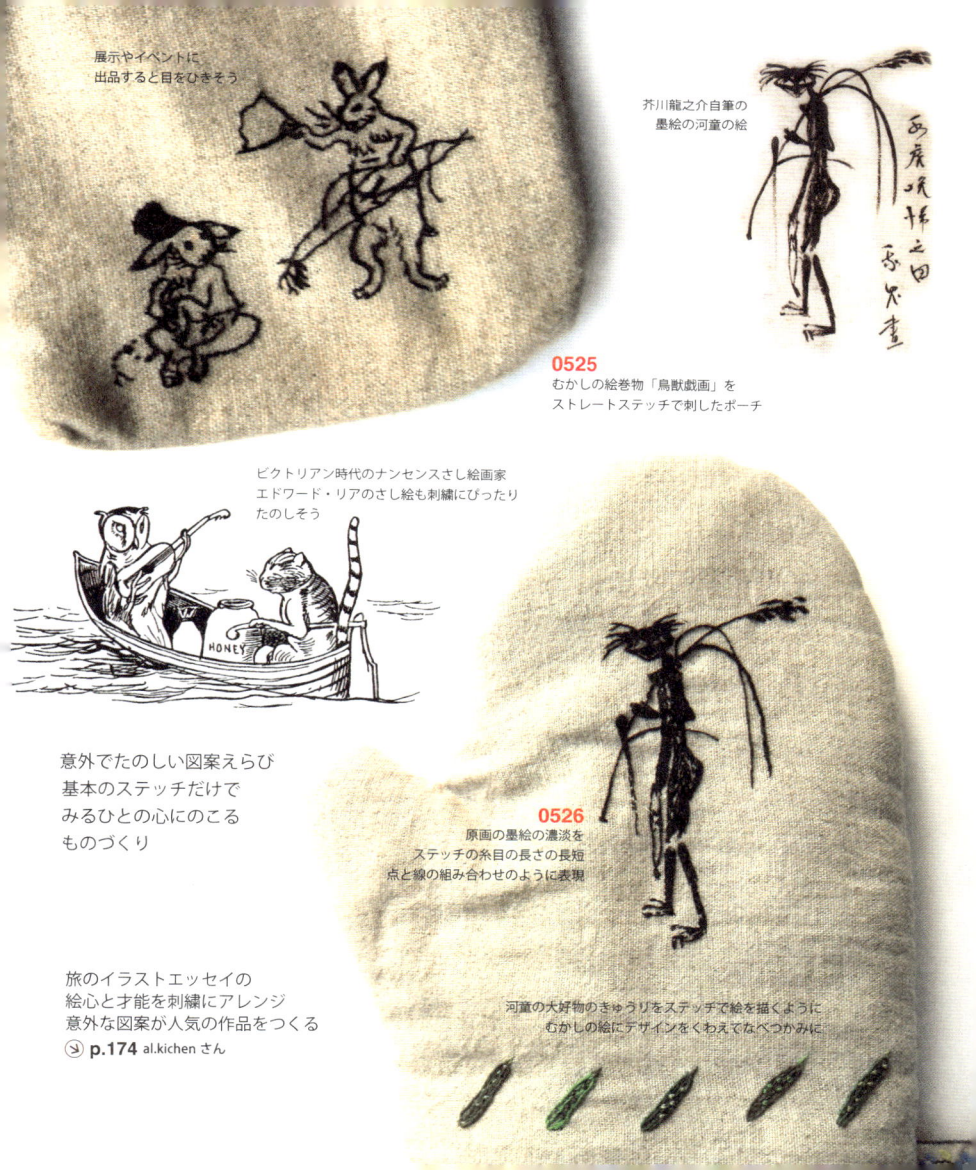

展示やイベントに
出品すると目をひきそう

芥川龍之介自筆の
墨絵の河童の絵

0525
むかしの絵巻物「鳥獣戯画」を
ストレートステッチで刺したポーチ

ビクトリアン時代のナンセンスさし絵画家
エドワード・リアのさし絵も刺繍にぴったり
たのしそう

意外でたのしい図案えらび
基本のステッチだけで
みるひとの心にのこる
ものづくり

0526
原画の墨絵の濃淡を
ステッチの糸目の長さの長短
点と線の組み合わせのように表現

旅のイラストエッセイの
絵心と才能を刺繍にアレンジ
意外な図案が人気の作品をつくる
🪡 p.174 al.kichen さん

河童の大好物のきゅうりをステッチで絵を描くように
むかしの絵にデザインをくわえてなべつかみに

ことばをつなげて物語や詩をつくる方法がひとりひとりにあるように
刺繡の手法で 布 紙 写真 さまざまな異なる素材に針を刺し糸を通して出来る
ひとりひとりのものづくりのかたち

GESTES

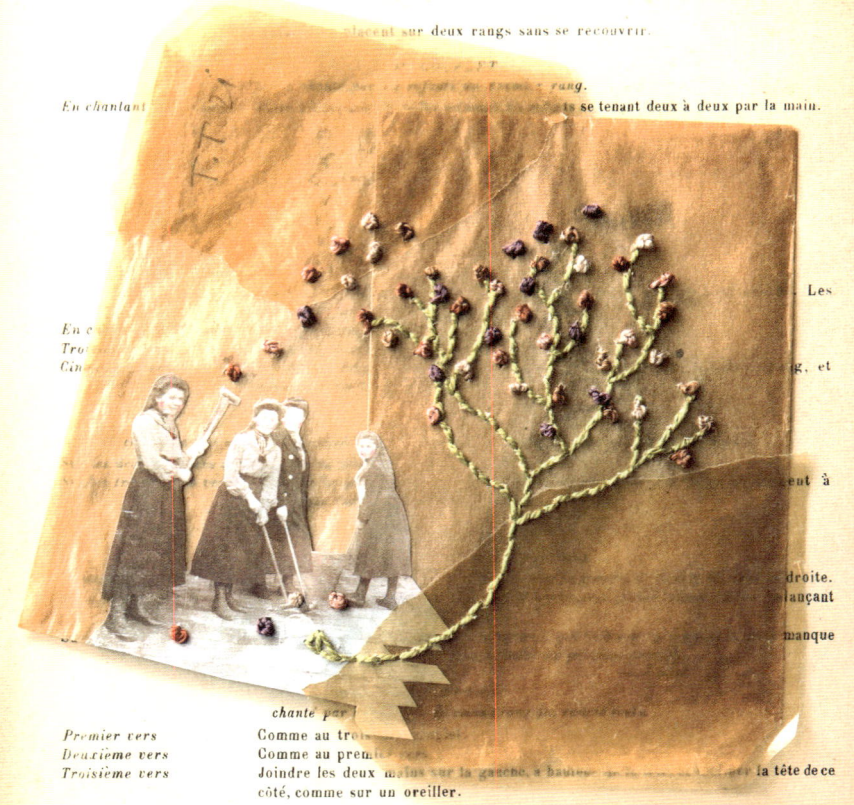

...lacent sur deux rangs sans se recouvrir.

En chantant .... se tenant deux à deux par la main.

Les

ent à

droite.
lançant
manque

chante par
Premier vers   Comme au trois
Deuxième vers   Comme au premi
Troisième vers   Joindre les deux mains sur la gauche, à hauteu... la tête de ce
                     côté, comme sur un oreiller.

0527
年月を重ねたむかしの味紙
写真の切り抜きやグラシンペーパーの
コラージュにそのまま糸の刺繡をのせて……

Quatrième vers   Montrer les joues.
Dernier vers   Quitter la scène, vers la gauche ou la droite, avec le pas de polka, ou bien, si la pla-

GESTES

Les enfants sont rangés sur deux lignes droites, sans se recouvrir, les plus petits
(Voir indications générales)

Mesures 1–2.   Le premier rang avance, à petits pas, en gardant l'alignement, m
                  les hanches.
Mesures 3–4.   Le premier rang recule, revient à sa place.
Mesures 5–6.   Le second rang avance, à petits pas.
Mesures 7–8.   Le second rang recule, revient à sa place.
Mesures 9–10–11–12. Tourner, deux à deux, en se tenant les deux mains.
Mesure 13.   Sur le mot: *Don*, les enfants se trouvent à leur place du début,
                  ont le pied droit en avant, la main gauche sur la hanche, le b
                  recourbé au-dessus de la tête.

手描きのノートの切れははしを
刺繍でざくざくつないでみると
0528

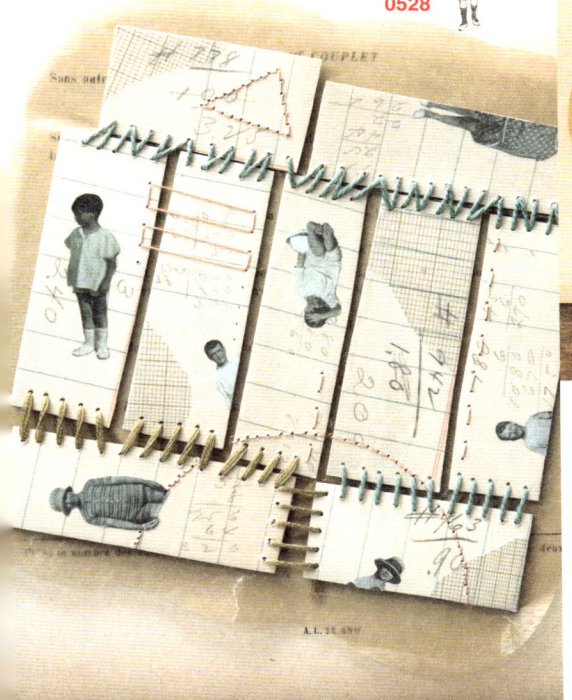

0529
縫う、結ぶ、つなげる
手法をそのままコラージュ

糸で結ぶ、つなげる、描く、糸をのせる
刺繍の基本のかたちと
表現できること、できるかもしれないことを
さがしながら、糸でつなげて重ねた
コラージュで楽しいかたちをさがして
作品をつくってくれた

p.174 林美奈子さん

刺繍の詩集

押し花にそのまま針と糸をさす
いままでの手芸やものづくりの手法にとらわれず
自由な発想、意外なアイデアで刺繍の新しいかたちをさがす

樹脂をコーティングした
マーガレットとレースを
刺繍でつなげたコサージュ
0530

0531
押し花にそのまま
ビーズとスパンコールを
刺繍して

0532

0533

針と糸を手に
誰も知らない手づくりの冒険へ

0534

0535
糸を通せる樹脂の手法で
つくったアクセサリー

刺繍の手法で押し花にそのまま
針をさして糸を通して
スパンコールやビーズを直接とめて
はじめての手づくりのかたちをさがしている

⮕ p.175 Exprimer / kaoru さん

0536

0538 糸のステッチと
リボン刺繍を組み合わせて

0537 一差しで一枚の花弁を表現

それでは むかしの本のなかから
いま つかいたい刺繍のいろとかたちをご紹介

0539 すくない目で
かんたんきれいな
かたちを布地に描く
リボン刺繍
すこしむかし流行った
かわいい図案の本

★ THE ANCHOR BOOK OF Ribbon EMBROIDERY
1997年刊 イギリス

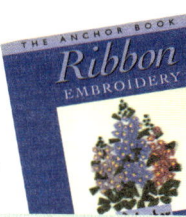

0540 まるで
絵本の描写のよう

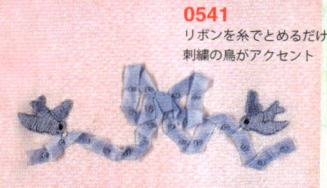

0541 リボンを糸でとめるだけ
刺繍の鳥がアクセント

刺繍の詩集 ❾ ❼

0542

0543

0544 リボンで描いた雪の結晶

0545 クロス
ステッチの
花壇に
リボンのお花

0546

むかしのロシア
ソビエト時代の民族衣装
刺繍でつくった
着るものつけるもの
くらしのなかで
つかうもの

0547 むかしの伝統刺繍の帽子、シンプルな図案がいまいても新鮮

0548
刺繍とパッチワークが
きれいな民族衣装

0549
くらしのなかの小物入れも
全体に刺繍で飾って

ロシア、ウクライナなど
各共和国の伝統手芸
服、アクセサリー
生活用品を集めた写真集

★ 1961年刊ソビエト連邦

❾❽ 刺繍の詩集

クロスステッチや
刺し子でつくった
バッグや袋もの
0550

いまの服づくりへのアイデアがいっぱい
むかしのきれいないろとかたち

指先の一本の針と糸からはじまる
手づくりの旅はいつでもはじめることができる

でも いつまでも終わらない
ひとりひとりのかたちをさがす冒険のよう

造形制作／うめはらはつみさん

0551 空をとぶブローチのためにつくられたしろい鳥

ちいさな陶器のお家
ひとつひとつならべていくと どこかでみたことがある
でも、世界のどこをさがしてもみつからない
目の前のテーブルのうえだけの
なつかしい街のけしきのできあがり

0552
0553
0554
0555
0556
0557
0558
0559
0560
0561

いつか訪れたい
遠い国の街や村の家々
むかしの城館や教会を陶器のかたちに
陶土を鳥や花たちのすがたを変えた
アクセサリーの作品をつくっているのは

➲ **p.170** 北原裕子さん

♯5
土で描いた物語

陶土やクレイを
指と手でイメージをさがしながらみつけた
新しい雑貨のかたち

0562　0563　0564　0565　0566
0567　0568　0569　0570
0571　0572

街をいく車も樹木も陶器でつくったものたち

街をながめるイスもちいさな陶器

日本の古書絵本に
出てくるような動物たち

頭はとり 体は人間
なんだか不思議なすがた
0573

0574

0575

O. Axer: Igraszki z diabłem — Drda, 1948

ポーランドの戦後の舞台美術の
スケッチを背景にイメージをひろげて

0576
服も
かぎ針で
自作です

0577
森のきのこを手に
児童劇の舞台を演じる
人形のよう

POLSKA
PLASTYKA
TEATRALNA

ふくろうの着る自作の服は空とぶマントのよう **0578**

マリオネットのあやつり糸や
マペットみたいな針金をアレンジしてみると
東欧の児童劇場みたいな
むかしかわいい人形劇のはじまりはじまり

陶器の質感が
なつかしい古玩具のよう
0579

土で描いた物語 **1 0 3**

0580 頭は魚、体が人間の半人魚

頭や手足が動く人間の体の陶製人形
むかしの児童劇の登場人物のような
動物たちをつくってくれた
 p.168 morainsanba さん

0581

0582

PAŃSTWOWY INSTYTUT WYDAWNICZY

ペローやアンデルセンの物語を
夢みたころのときめきを思い出す
みたことのない陶器のアクセサリー

0583
胸元で踊る
きれいな光沢のブローチ

陶器でつくった舞踏会の貴婦人
ステージで踊るバレリーナのよう
お顔はラインストーン
きらきら輝くティアラのよう

p.165 MAJOさん

0584

0585

0586

0587

0588
かわいい子やぎの
陶製ペンダント

0590
南の海の魚のかたち
波のきらめきのような
陶器の輝き

森のおおかみさん **0591**

0589
ラスター彩の手法でしあげた
虹いろの光沢が美しい
カタツムリ

土で描いた物語　**❶ ⓪ ❺**

0592
なないろの輝き
ラスター彩の作品です

0593
ひつじの体からは、からんころんと鈴の音のよう♪

古代ペルシャから伝わる
ラスター彩の手法を活かして
器からアクセサリーまで
陶芸の作品をつくっている
👉 p.165 MAJO さん

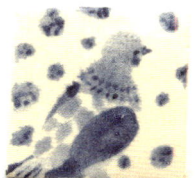

手描きの絵をタイルにのせて
0594

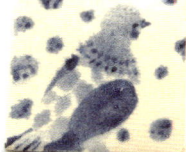

丸いかたちもつくりました **0595**

0596
コースターやインテリアづくり
ガーデニングなど
つかいかたいろいろタイル

0597
陶芸だから出せる
深い黒の光沢感

1
0 土で描いた物語
6

0598
やさしいうさぎの線画に
虹いろのラスターの輝きをのせて

0599

0600
線描といろ、金属の質感を重ね合わせて
いまのくらしにつかえる器やお皿に

0601 アンデルセンの親指姫の絵柄のバッジです

0602

0603

0604

0605

長靴ねこさん **0606**

0607 手のひらにのるくらいの
豆のかたちのお皿
アクセサリー置きにつかってみたり

習得した京都の清水焼の
絵つけの技法をつかって
おとぎ話や童話の
絵柄をのせて
なつかしいけど新しい
かわいい作品をつくっている

0608

↘ p.172 馬籠 静さん

0609

0611

ハメルンの動物たち
0610

0613

裏は陶器の素焼きの
しっかりバッジ

0614

0612
清水焼のきれいないろあい
人魚姫の隣はイルカ？

ことりのすがたのお箸置き **0615**

108 土で描いた物語

0616 粘土でつくった人形を
そのまま指輪にのせて

0617

0618 妖精の透明なつばさも
きれいに手づくり

0619 透明な青い瞳はビーズの輝き

0620

0621 ラメ入りの塗料で
ひとつひとつ彩色してしあげます

0622 指輪にのってこちらをつめます

粘土をつかって絵を描くように
妖精や天使、人形や空想の動物たちを
ひとつひとつつくっているのは

↪ **p.169** hatch さん

0623 天然石をデティールパーツにつかってみたり

0624 モール玉に人形をのせたピアス

0625

0626 手足の細かい造形は
ワイヤーをつかって表現

0627

0628 妖精の国の動物たちも
アクセサリーのすがたに

0629 白いつばさの天使が頭にのせているのは……

妖精の友だちは
かわいいドラゴン
0630

0631

0632

0635

0634

0633

もうつかわないカップやガラスの小ビン
淡水パーツやワイヤーをベースのトレーにのせて
粘土で土台をつくり、妖精や天使たちが遊ぶ雲のうえのような
アクセサリーのディスプレイ台をつくりました

土で描いた物語 110

むかしの文花人形のかたちに
甘くておいしいビスクの魔法をかけた
手のひらのうえのかわいい陶製お人形

0636

0637

お花のなかは
すずらんちゃん

0638

文花ちゃんとお友だち
0639

0641

いも虫くん？
いも虫さん？？
0640

0642

磁器のビスクドールの技法をつかってきれいで繊細な地肌の
甘くて淡いお砂糖菓子のような人形たち動物たちをつくっている　p.171　ずずらんまーちさん

0643 イラストのすがたを
立体の粘土の人形に

0644

0645

クッキーにのってるうさぎ耳の男の子は"うさおさん" いろんなすがたのグッズで登場、ネコ耳はいたずらなクロネロさん

手のひらサイズのうさぎのりぼんさん **0468**

0646

0467 ちいさな粘土のお人形

0649

自作のイラスト、絵のなかのキャラクターを
雑貨やグッズ、お人形のかたちに変えて活躍中

p.165 :trunk:chiyo さん

0650

1 1 2 土で描いた物語

柄もポーズも
いろんなすがたの
陶製ねこひげスタンド

お家の飼いねこの抜けたひげをひろって
一本一本、穴にいれて飾る
こんなのはじめてねこ雑貨♪

0652

0653

0651

大好きなねこをモチーフに
陶芸で器にかぎらない
見たこともない楽しい
意外な発想の作品たちを
つくっているのは

→ p.170 sakusaku さん

0656
ねこの柄にあわせて
お家のねこひげコレクション

0654
花柄ねこもいます

0655

やっぱりねこが好き だから

0657
指先サイズのお散歩ねこたち

0658 ちいさな豆ねこ 左は釉薬の光沢つき 右は素焼き

0659
くるりんねこの器です♪

お家のまわりには
陶器の花のガーデニング
0660

0662

0661

マッチ箱を開けると
子ねこがごろごろ

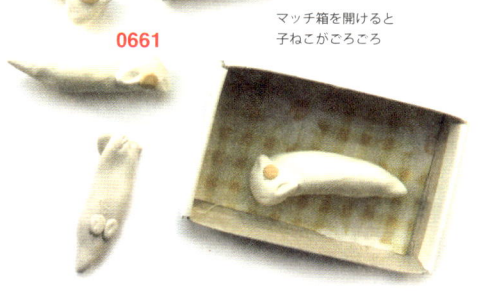

0663
小川の石橋には
おとぎの国の住人たち

0664

おとぎ話に出てくるような
遠い国 むかしの街のお家と緑と花のちいさな橋
みんな陶器でつくりました

こんなものがあったら… そんな気持ちを陶芸でものづくり 雑貨のかたちに

くろねこたちの
ベッドはこちら
0665

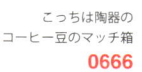

こっちは陶器の
コーヒー豆のマッチ箱
0666

お部屋のあちこち窓辺を飾る陶器のお家
なかに照明やキャンドルをいれるとほんのり明るくきれい

0668

0669

0667
一軒一軒、いろもかたちも
みんなちがいます

花弁ひとつから粘土で手づくり

0670

0673

0675

0671

0672

0674

LITTLE TOWN

おばあちゃんといっしょに西洋陶芸で
ヨーロッパのあこがれの街や村のお家や建物
花園のけしきのくらしのなかでつかうものを
つくってくれた

p.173 神保町 手芸部さん

0676

イラストも神保町 手芸部さんが描きました

♯6
くらしのなかの いろとかたち

いまいる時間 いまある場所を
手づくりという魔法で
すてきな時間と場所に変える
毎日つかうもの

0677
一見シンプルなブローチ
でもからだや触角には
細かくていねいに
刺されたビーズたちが

0678
オリエンタルな花の文様には
きれいなスパンコールをアレンジ

裏にはベリーの
図案のビーズ刺繍

0679

0680
ビーズで描いたアメリカンなリボン
かわいいいろとかたち

いろ糸とビーズで表現した
花たちの刺繍のけしき
日本画のようなな味わい
0681

イギリスのビーズ刺繍を
日本のこぎん刺しのように
0682

0683
ちょっとおおきな
しじみちょうくらいのサイズ

ちいさなちいさな
刺繍のバッグの
ペンダントヘッド
0684

0685 竹ビーズを全体に刺繍して

ヨーロッパの伝統の ビーズ刺繍を
毎日つかう小物やバッグ
アクセサリーにアレンジして
すてきなものをつくってくれた
→ p.166 KeiFerida さん

0686
シンプルでシック
でもとってもかわいいブローチ

0687
透明なスパンコールを
ちりばめて

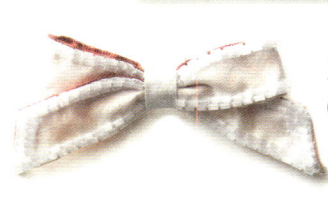

白のバリーエションのブローチ
下地のピンクが透けてうっすらピンクに染まる
0688

0689

くらしのなかのいろとかたち **1 1 7**

毎日つかうメジャーを手づくりの魔法で
「不思議の国のアリス」のすがたに変えてみると　→ p.163　Ma jolie さん

0690 マッドハッターの帽子です

0691

ドードーの
しっぽをひっぱると……

0692

鏡の国の住人も登場
物語とはちょっと別キャラの
ハンプティ・ダンプティ

0693

0694

マッドパーティーのポットから
頭をだすヤマネ
チェシャねこの耳からメジャーが登場

0695
めがねが似合うふくろうくんも
メジャーです

サンタの帽子をかぶった
ことりたち
つばさにはちいさな本を持っています

ユニコーンの背の鞍をあけると
ソーイングセットが
0696

やさしい瞳の動物たちのなかに
メジャーを隠して、ピンクッションや
ソーイングセットのしかけをくわえてた
のしくくらしのなかでつかうものの
アイデアをかたちにしてくれた

↘ **p.163** Ma jolie さん

0697
かわいい花つみバッグは
ほんとはかわいいウォールポケット

0698
青いスワンのつばさのなかはピンクッション

くらしのなかの
いろとかたち
9

ペーパークラフトでつくった
とりたちの灯り
壁や窓辺に飾ってみたい

0699

お部屋のかべにも
収納をかねた布小物や灯りを
手づくりでデコレーション

0700
つばさでかかえる本をひっぱると
メジャーに変身

カンガルーは手に持つ
ボトルを引っぱります
0701

0702
リスが落としたどんぐりが
メジャーの取っ手です♪

0703

布にそのまま活版印刷をしたような
謄写版のきれいな味わい

0704
ブルーの生地が
ツバメが舞う青空のよう

0705
窓飾りの刺繍をアレンジ
タッセルの糸も同じいろあいで

謄写版の手法で
布に手描きの図案を写したオリジナルの生地で
バッグやがま口をつくってくれた
↘ p.173 Quccoさん

0706 麻の自然の素材とレトロな謄写版のすてきな出会い

0707
同じ糸での刺繍とかぎ針編みが
楽しいがま口

❶ ❷ ❶ くらしのなかのいろとかたち

いくつものいろが連なる
ふんわりニットでつくった
イヤーマフ

糸の素材の違いで
つけ心地も変わります

0708
光沢感のある
ニットのきれいな
いろあい

いろも素材も太さも
さまざまな糸からかぎ針編みで
毎日のくらしのなかでつかう手ざわりと
心地のよいものたちをつくっている

↪ p.164 chiot.R さん

カラフルなウールを編んでうまれたいろとかたち

いろの左右の
アンバランスが楽しい♪
0709

しっかりハイゲージで
編んだあったか靴下
おしゃれでとても実用的
↘ p.164 chiot.Rさん

0710
ニットとかぎ針がつくる
世界でひとつだけの
手づくりのいろとかたち

0711
手さげのバッグも編んでみました
素材のいろと赤のきれいなストライプ

淡いいろ糸で編まれたリボンが
おとなかわいい

グレーと単色が重なる
くすみが心地よい **0712**

0713

❶
❷
❷ くらしのなかのいろとかたち

0714 顔モチーフの作家さんの手さげの布バッグ

↘ **p.165** nijico さん

p.162 MOOROOM さん

0715
つくってくれたのは切手でアクセサリーをつくる作家さん
作品は p.30 にあります

毎日つかうバッグや袋もの
ひとりひとりの手づくりのかたち

0716 既製品のバスケットに
毛糸で好きなつばめを編んでのせて

↘ **p.171** mannenRou さん

0717
花のいろと
かたちを刺繡

0718 刺繡とかぎ針編みで
毎日つかうものに
やさしさあたたかを
のせてものづくり

↘ **p.170** Polovi さん

0719

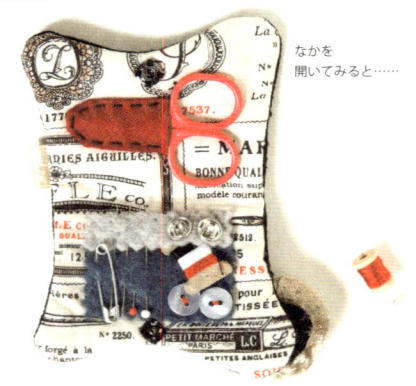

むかしのミシンのかたちで
いまの作家さんがつくったソーイングセット
手回しの輪もピンクッション

↘ **p.163** Ma jolie さん

なかを
開いてみると……

それでは
むかしのくらしのなかの
手芸のテーブルのうえ
裁縫箱のなかのかわいいものを
ご紹介

0720 ふちどりのボンボンがかわいい
ハートのかたちのピンクッション

0721

0722
ねこの金もののピンクッションは
19世紀のアンティーク

0723

0724

1 2 4 くらしのなかのいろとかたち

むかしのくらしのなかの
いろとかたちをさがして
古書店の洋書の棚の
手芸雑誌のバックナンバーから
みつけたむかしのかわいい
ピンクッションたち

★アメリカの手芸雑誌「PIECEWORK」
　むかしのバックナンバーより

ベルベットにビーズ刺繍のきれいなかたち **0726**

0725

0727

0728

0729

革でつくったちいさなむかしの靴のかたち **0730**

羊毛を編んでつくった
梨のかたち
0731

クルミのからをつかった
編みものピンクッション

🧵 **p.164** moco さん

0734

0733

0732 妖精の布人形の体がそのままピンクッション

きれいな刺繍をていねいの刺した
ハンカチーフ
ポストカードや
グリーティングカードの布ケース
むかしのきれいな
くらしを飾るたからもの

0735

戦争の時代につくられた
大好きな人への思いのあかし

0736
毎日つかうハサミ入れ
裁縫箱のなかのたからもの

0737
ちいさな手紙のように
ことばを刺繍の糸に変えて

0738
指ぬきのために
クロスステッチをちくちく
つくってあげたちいさなケース

第一次大戦当時につくられた
フランスの刺繍カード
0739

なかにメッセージを書いた
ポストカードを入れて贈りました
0740

0741

ヨーロッパやアメリカで
平和な時代は、しあわせのメッセージを
つたえるために
戦争の時代は、大好きな人の
つらい日々をささえるための贈りものに
刺繍をそえた布の小物たち

★アメリカの手芸雑誌「PIECEWORK」
　むかしのバックナンバーより

いまのくらしのなかの布小物
グリーティングカードやプレゼントにもつかえそう

1
2　くらしのなかのいろとかたち
7

戦勝の年に当時の連合国の旗をアレンジ **0742**

0744
窓のむこうは
プリントの壁紙の
子ども部屋
コラージュバッグ

くっきりまあるい
つばめのフォルムが心地よい
少女を背にのせたブローチ
0743

生地のうえ布どうしのコラージュ
貼り合わせの重なりと布のかたさ
さわり心地も心地よい

おおきな花と子どもの
モチーフ
いくつも持ってつかってみたい
0745

幹は生地のカット
ブランコは糸を貼って

0746

0747
ちょうちょは
布に直接描いています

くらしのなかのいろとかたち

雲のかたちのランチョンマット **0748**

0749
花と風にはこばれて
チャームのうえの冒険旅行

0750 親指姫の物語を思い出す

生地にプリントされた絵柄や
パターンを切りぬいて布のうえにコラージュした
かわいい小物やバッグをつくってくれた

p.164 conana さん

裏側も
レースモチーフできれいに

きのこのぬいぐるみ
おおきな松茸くらいのサイズ

0751

手描きの柄といろを原画にシルクの版をおこします

自分で描いた絵からシルクスクリーンの手法で布にプリント
パターンや図案を起こし、完成まですべてひとりの手作業で
みたこともない雑貨や手づくりの服をつくっている

p.172 jujubeさん

テグス糸でスワンがひっぱる
ひなたちも一羽一羽手づくり

130 人形と動物たち

0752

0753
スワンはほんとうは
ティッシュケース♪

0754
0755
0756

きのこのかたちの
小物入れたち
高さは
10センチ前後

0758
0759
0760 森の動物 木の実を写して
0757

0762

フェルトと刺繍
ソーイング、いくつもの
手芸をイメージのままに
組み合わせつくった
ちいさくてかわいいもの

p.174 Abies firma さん

0761

ちくちく刺繍の
ステッチをくわえて
0763
0765
0766
0764

0767 花の小物入れは
直径8センチ位
0769
0768

0771 野の花 庭の花
ベリーも飾りに
のせて……
0770
0772

0773

0774

0775

0776
遠い国からのおみやげのような
サボのかたちの小物入れ
刺繍をさした布の器も
マルシェでみつけた
民芸品のよう

0778
ブルーベリーのすがたを
フェルトに写して

0777
ブレンドとモカ？の
ピンクッション

0779

0780

テーブルのちいさな
ピンクッション
日差しの灯りのうつろいで
夜と昼をくりかえす
ちいさな惑星みたい

0781

0782

0783

0784

0785

0786

0787

0788

0789
編んだ
ドイリーを
のせた
パネポーチ

0790

くらしのなかのいろとかたち **1**
3
3

0791

プリント生地のディテールを
カットして部屋のなかの
カーテンにコラージュ

p.164 conana さん

衣装製作 / SERAPHIM
モデル / タカハシ マイ

0792

0793 森のきのこのパッチワーククッション

物語からぬけ出しやってきたとりのよう

0794

0795

0796

布のオブジェのような ぬいぐるみ
0797

布の素材やプリント、柄と
刺繍とソーイングを組み合わせ
パッチワークやコラージュ
布絵のファブリックアートや
立体の人形やオブジェづくりで
毎日のくらしをいろどる

p.162 handmade kind さん

0798

革でつくったちいさなバイオリンズ

0799

カメラもケーキも ぬいぐるみ♪
0801

0802

0803

0800

0804

0805
0806
0807
0808
0809
0810
0811

Матрёшка
布で描いた
マトリョーシカ
0813

0812
定番のパッチワークのとりを
木のイラストにのせて
立体絵画のように

0814
0815
0816
0817
0818

くらしのなかのいろとかたち

0819 絵を描くように、ファブリックアート

クリスマスの思い出を布絵にのせて 0820

波はレースのモチーフで 0821

0822 きのこのもようはプリントの柄を活かして

0823 布でつくった金メダル？？

Octopus 0824

アクセントは刺繍のステッチで 0825

0826 タコの足の吸盤はボタンです

ときめくもの
いとしいものを
さがす
冒険は続く

❶
❸
❼

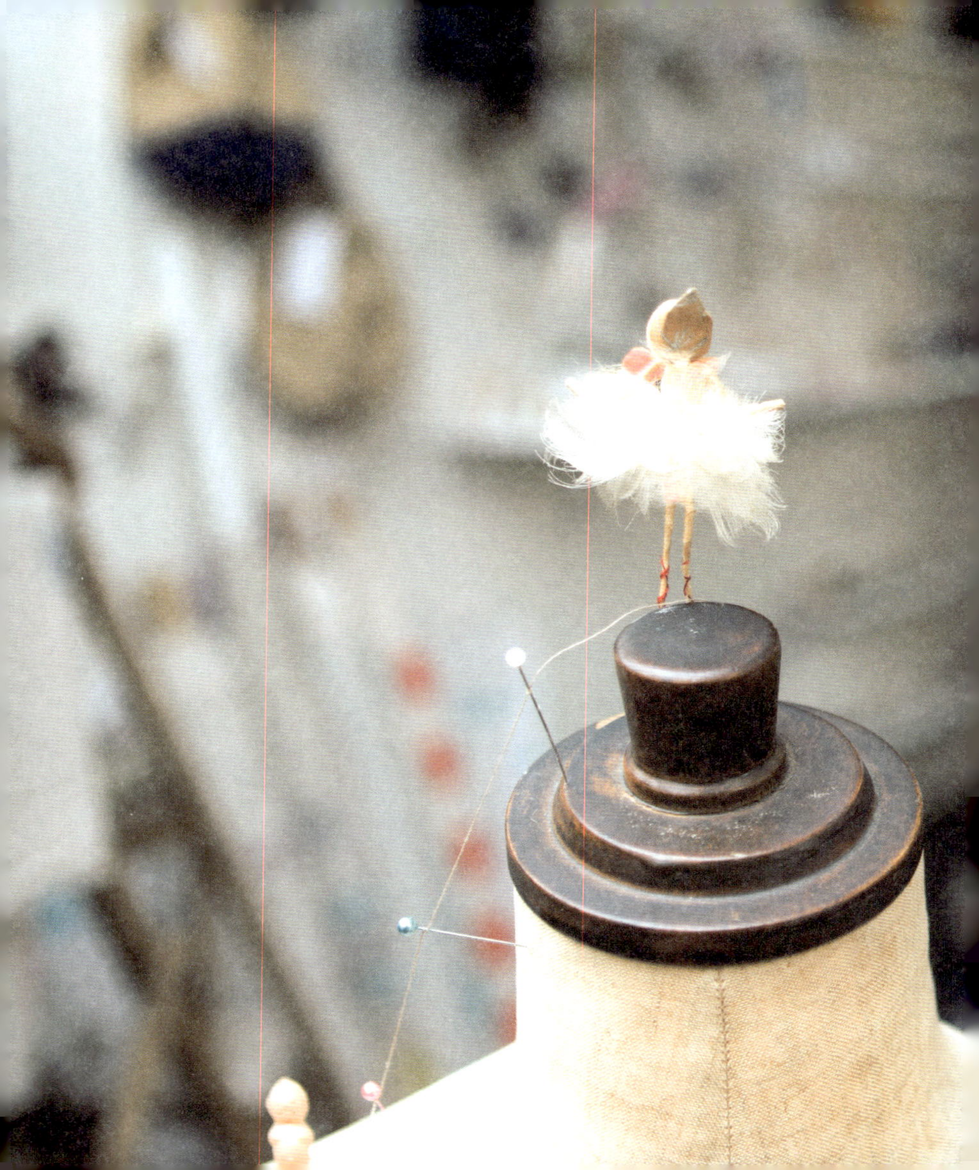

夢のなかの雑貨店
　あなたもきっとみつかる いとしい いろとかたち

////# ♯7
ひとりひとりの素材とモチーフ

ほかの誰にもつくることができない手づくりのかたち

0827
ちいさなオルゴール♪
ふたをあけると……

扉を開くとただいま来客中、玄関は左下へどうぞ **0828**

踊るバレリーナが現れます♫♪

0829 夜のアパートの扉を開くとお昼の'かすみ荘'情景が現れます

お部屋の壁に飾ったり
手にとって本のように開いてのぞくことのできる
教会の祭壇画のようなちいさな立体絵画の
オブジェを徹夜でつくってくれた

⮕ **p.166** 一ツ木香織さん

0830

0831
前のページと
くらべみると

0832
遠い記憶の奥の
バレエシアターの開幕です

いつまでも夢みる修道女のいるところ
0833

0834

0835 お盆の夜に天界から使徒降臨♪

描いた絵を素材に
ちいさな額縁に入れてつくったアクセサリー
胸元でゆれる夢のなかのけしき

↘ **p.166** 一ツ木香織さん

1
4
3

ひとりひとりの素材とモチーフ

0836

0838

0839

0837
同じ原画のバリーションでも
ニスをのせるとハンドメイドの
一点もののよう

次のページへと続く
コラージュのオーナメントを
つくってくれたのは

↘ **p.167** 原田ひこみさん

コラージュの発想で いまいる部屋をもっと心地のよい場所に

いただきものの包装紙や
ラッピングのリボンに切り抜きをアレンジ
0840

紙、リネン、レース
パーツやオブジェどうしを
貼ってのせて紙もの雑貨から
お部屋のインテリアまで
コラージュのすてきな
作品をつくっている

▶ p.167 原田ひこみさん

0841
しまっておいた
旅の思い出の紙ものを
毎日目にする
かわいいオーナメントに

エアメールのスタンプ部分と
切手をコラージュ
0842

ひとりひとりの素材とモチーフ ❶❹❺

0843

0844 ガラスの小ビンのぞいてごらん

0845

植木鉢もねこのしっぽもクイリング **0846**

0847 ケーキの直径は5センチ足らず

0848

0849

0850 ショートケーキとタルトのスウィーツピアス

0851

15～16世紀ヨーロッパのアンティークパーツのかたちをブローチに **0855**

0852 木の芽やいもむしくんもクイリング

0853

0854

紙のいろをそのままアレンジ **0857**

紙をまいたかたちを大小、ディテールまで活かしたミニチュアメリーゴーランド **0858**

0856

紙をくるくる巻いたかたちを
組み合わせつくるちいさなクラフト
"クイリング" でいろんな楽しい
手づくりの作品をつくっている

↘ **p.168** 内藤貴子さん

1 4 6 ひとりひとりの素材とモチーフ

クイリングでイラストを描くように
かわいい人形や動物たちを
つくってくれたのは

↘ **p.175** sono さん

0859  **0860**

男の子と女の子 胸にだいているのはもっとちいさなお人形

0861
つばさはドロップの
かたちのパーツをつかって

0864
ペンダントは
A.S.P しばた あいさんの
作品です

0863

0862

こうらは3つのいろの
紙をくるくる **0866**

0865 卒業証書？もクイリング

0867
耳は基本のパーツのひとつ
トライアングルをつかって

0868

0869
リアルな昆布巻き
出し巻きたまご

0870 くまモンもつくって欲しい♪

0871

0872 クイリングパーツをブレスレットのポイントに

0873

クイリングの紙と布やレースの素材を組み合わせて

0875 ハサミで入れてフリンジで花弁を表現

0876 時計草のかたちにしてみると……

0874 紙色に彩色、光沢もくわえて自分のものづくりのかたちに

0877

0878

0879

0880 耐水性の加工もして外でもつかえる身につけるものに

ペーパークイリングをアクセサリーづくりにアレンジして他の作家にはない作品をつくっている

➔ p.167 A.S.P しばた あいさん

0881

クイリング用のいろんないろのペーパー
専用の紙巻き道具をつかいながら指先にうまれる
イメージをほんとうのかたちに変えて

0882 紙の質感に違う素材をアレンジ

0883 同じパーツをいろんなアクセサリーに

0884 クラシックとモダンのアレンジも楽しい

0885

0886

0887

ほんとは
2センチたらずのボタン

樹脂のクリスタルの素材のなか
北の野原の夏のかけら
レジンのなかで重なり合う
でもふれあうことのない
ちいさなちいさな
モチーフたち

さあ 樹脂のなかをのぞいてごらん
永遠に停止した時間のなかのような ちいさな風景の出来あがり

レースのイニシャルをそっとしまって **0890**

ボタンのなかには
いくつもちいさなちいさなボタン
0889

0888

0891

0893
よくみるとベースには
雪の結晶が……

0892

0894

日々をすごす
北の国の野原や庭からの贈りもの

部屋のなかのものたちのかけらを
透明な樹脂のなかに閉じ込めて
ボタンをつくっているのは

p.174 Babyeye さん

0895

0898

0896

0897
ページの紙片と真鍮の文字の出会い

0899

ひとりひとりの素材とモチーフ ❶❹❾

0900

0901 樹脂の透き通ってみえる
きのこのいろとかたち

0902 樹脂のツリーハウスに
座っているのは……

0903

0904 アートなドットのマーブルうさぎ

0905

0906

カタツムリは
定番のボタンのモチーフ
0907

0908 森のコヨーテ
ブローチサイズのボタンです

0909

0910

ツリーハウスの住人の
ボタンのなかで進んでいく物語

0911

0912 陶器で描いた青い花、ボタンをそのままブローチに

0913

0914

150 ひとりひとりの素材とかたち

樹脂のレンズ効果ですてき 不思議ないろあいに
0915

0916

0918

0919

0920

屋根のかけている
部分にぴったり合うのは……
0917

0921

森のリスの宝物
ドングリのボタン
ヘアゴムのモチーフに
0925

0922 葉っぱと花のツインのボタン

0923

0924

0930

0927

0928
ちょうちょを
描いたボタンの
シートもすてき

0929

0926

0931 金具をつけてそのままアクセサリーにアレンジ

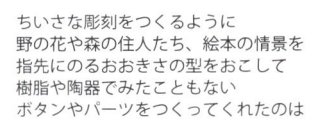

樹脂のむこうの彩色や
絵柄の違いでひとつひとつ異なる
いろとすがたに
0933

ちいさな彫刻をつくるように
野の花や森の住人たち、絵本の情景を
指先にのるおおきさの型をおこして
樹脂と陶器でみたこともない
ボタンやパーツをつくってくれたのは

p.172 katachi-gurumi さん

0932
成形のくぼみや
エンボスの風合いを活かして
ラインをくわえて

ビジューのようなアイフォンケース **0934**

うさぎのすがたに
編んでいます
0935

0936
むかしの胸飾りの
ロゼットのように

0937

0938
きらめきとかけらを
樹脂のなかの封じこめて

ヘッドドレスのバリエーション **0939**

1
5
2

ひとりひとりの
素材とモチーフ

0940 既成のバスケットにうさぎ耳コラージュ

0941 がらくた、おもちゃ、そしてきれいなかけら

ふわふわうさぎ耳のカンカン帽
裏地もかわいく
0942

0943
森の枝のことりが
巣のようにとまりそう

アンティークレースに
花モチーフをのせて
0944

0945
描いた時計の
レースと布のブレスレット

0946
淡いいろづかいのつけえり
一輪の小花がきれい

ロマンティックでノスタルジック
アンティークな乙女いろのアクセサリーや
身につけるものをつくり出している

p.171 薔薇 hime さん

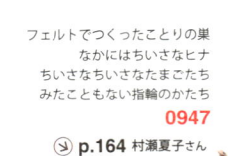

フェルトでつくったことりの巣
なかにはちいさなヒナ
ちいさなちいさなたまごたち
みたこともない指輪のかたち
0947

↘ **p.164** 村瀬夏子さん

ひとりひとりの素材とモチーフ 1 5 4

いっしょにくらすことりたち
庭を訪れる四季のとりたち、図鑑でしか会えない
遠い世界の野鳥たちの姿と表情をニードルをつかって
手のうえで遊ぶかたちにしている

🔗 p.174 MABOROSHIworks / 有田守宮さん

黒い瞳の
オカメインコ
0948

コマドリは尾っぽがすくり **0949**

0950
くるりとふりかえりそう
メンフクロウ

ぺたんこアオガラくん **0951**

0952
公園の枝の
シジュウカラの姿を
フェルトのかたちに

0953
スズメの羽の
細かな柄を
ニードルで
描くように

こっちをみつめる
カワセミくん♪

0954
サンコウチョウの
長い尾羽は水フェルトで

0955
水面をじっと見つめるカワセミくん

サンタみたいなカーディナル **0956**

0957
巣のなかはメジロじゃなくて♪キクイタダキ

0958

0959

0960

0961

REGISTERED DESIGN Nº 183823.
Fine Pearl and

ジョン・テニエルの「不思議の国のアリス」のイラストにオリジナルの彩色をくわえたアクセサリーやものづくりのオリジナルパーツ

0962

ちいさいけれど金具つきです **0963**

デコパージュの手法で
表も裏もハンドペイントで
ひとつひとつペイントしたパーツたち
い手づくりのパーツたち

0964
パーツをアレンジしたブローチ

どのにもない創作こけしのすがたといろとかたち

0965

0966

0967

0968

0969

コインとパーツの
おおきさを比べてみると…

2400
Fine Pearls and Turquoise.

この本をつくっている「くりくり」編集室のお店
AMULETのオリジナルパーツたち
他にもいろいろかわいいすがた、いろとかたち
デコパージュ以外の素材でもいろいろパーツがあります

👉 **p.5** AMULET ガイダンス参照

0970

こちらはハリー・クラークの
さし絵をアレンジ
0971

0972
アリスとうさぎ
トランプ
表も裏も
風景がちがいます

さし絵画家
ウォルター・クレインの
赤ずきんの絵をもとに……

表も裏もちがう
3つのパーツで
組み合わせ

むかしのおとぎ話のさし絵画家の作品を
いまのハンドメイドにつかえるかわいい素材に

0973
ビクトリア時代の妖精譚のさし絵花の写
真を組み合わせて

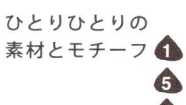

ひとりひとりの
素材とモチーフ

0974

手づくりの作家さんに
ひとつひとつつくってもらった
パーツもいろいろ

p.167 原田ひこみさん

0975

0976

1250

ひとりひとりの 1 5 8
素材とモチーフ

0977 北の国のチョコレートの包装紙の女の子みたい

0978

0979

0980 陶器でつくったお人形の頭を片耳イヤリングに

0981

0982

モリンチカちゃんと
アニョコちゃんの2人が
異国を夢みながらつくってくれた
不思議なもの 楽しい雑貨たち

p.167 molintika et egneauco さん

お人形やテディベアの顔の写真を
まあるくトリミング♪
樹脂でコーティングした
ブローチです

0986

0984

0985

0983

0987

0988

ベアのお人形の
目と鼻だけ
アップ♪

0989

お人形の写真を
切り抜いた
おおきなタグ
2枚のなかのどっちが
モリンチカちゃん？
アニョコちゃん？

0990

裏が焼き物の
しっかりブローチ

リアルきのこも陶器でつくりました **0991**

0992

0993

p.167 molintika et egneauco さん

2人の雑貨オリジナルの
箱もつくりました
なかをのぞいてみると……
0994

0995
遠い国の民族衣装の絵を
糸でふちどり雑貨づくり

0996

0997
北欧でみつけた手芸の本の
ページの絵をスタンプの絵柄に

0998

オリジナルのイラストや
つかいたい図版をつかって
他のどこにもないスタンプを
つくってくれた
p.169 chalk さん

0999

1000

p.160 の chalk さんの
手づくりスタンプを押してみると♪

#8
この本に登場した
手づくりの雑貨と
ハンドメイドの作家さんの
プロフィール

それぞれの作家さんの作品と出会えるお店、いますぐ購入できる出品サイト
参加している手づくり市やイベントをひとりひとりご紹介

高田 ナッツ
たかだ なっつ

羊毛フェルトブランド【nut-1107】を開始。
みていてニヤッとするフェルトぬいぐるみを
中心にちくちくしています。
http://nut-1107.com
1. 取扱店 2. 出品サイト 3. 参加イベント
1. AMULET（p.5 参照）

kotorie
ことりえ

針と糸＋いろいろな素材で、ひとつひとつ
制作しています。
http://kotoriebox.web.fc2.com/
1. 取扱店 2. 出品サイト 3. 参加イベント
1. AMULET（p.5 参照）
   Dahlia（東京 原宿）

Bambooboo
ばんぶーぶー

「ていねいな作品づくり」を心がけて
クロスステッチを中心に、刺しゅうを
施した実用布小物を製作しています。
作品は、雑貨店やイベント等で
販売しています。
http://bamboo2010.exblog.jp/
1. 取扱店 2. 出品サイト 3. 参加イベント
1. AMULET（p.5 参照）
   SLOW（東京 谷中）

handmade kind
はんどめいど かいんど

2004 年より活動。大好きな布全般を素材と
して、様々な手芸材料や色の組み合わせを
楽しみながら布絵や、布オブジェをなど
布にまつわる制作を手がけています。
http://happy.ap.teacup.com/kind/
1. 取扱店 2. 出品サイト 3. 参加イベント
1. TAMBOURIN GALLERY (東京 神宮前)
   AMULET（p.5 参照）

ナガサカ ヒサコ

ストーリーのある作品を制作しています。
http://cotohogue.blog55.fc2.com/
1. 取扱店 2. 出品サイト 3. 参加イベント
1. AMULET（p.5 参照）

MOOROOM
むー るー む

MOO（むー）ちゃんは、自然が好き
古いものが好き、バレエを踊ったり鳥と
話したり、空想することが大好きな女の子。
そんな MOO ちゃんのお部屋へ遊びに行くと…
というコンセプトで作品を紹介しています。
http://mooroomooland.blogspot.jp/
1. 取扱店 2. 出品サイト 3. 参加イベント
1. Bon Courage（東京 自由が丘）
   裏庭（東京 銀座 アンティークショップ）
   AMULET（p.5 参照）
3. デザインフェスタ（年一回だけ）

この本に登場した手づくり作家さんのプロフィール

Polivi
(ぽりび)

刺繍、ニットを中心にどこか懐かしくて
温かみのある雑貨をつくっています。
http://polivivere.cocotte.jp/

1. 取扱店 2. 出品サイト 3. 参加イベント

1. piggy bank（大阪）
   AMULET（p.5 参照）
2. DANTE http://dan-te.jp/gallery/polivi
   検索キーワード 「polivi」
3. 井の頭公園アートマーケッツ
   西荻窪 Gallery MADO（2月、7月）
   大阪 ART&HANDMADE BAZZAR

Ma jolie
(ま じょり)

どこにも見たことのないもの、手にしたとき
「探していたのはこれだったんだ…」と
感じるものをつくれたらいいなと思います。
最近は布小物と灯りとで、空間を丸ごと
つくることに興味を持っています
http://www.ma-jolie.com/

1. 取扱店 2. 出品サイト 3. 参加イベント

1. Mademoiselle Yako (東京 蔵前)
   カンパネルラ（東京 国立）
   AMULET（p.5 参照）
2. iichi http://www.iichi.com/
   検索キーワード 「Ma jolie」

kuna / 伊藤 真由美
(くな / いとう まゆみ)

2000 年頃から手の平にのる大きさの
ちいさい動物を中心にテディベアの手法で
つくっています。
ちいさいものが好きなせいかちいさい子が
多いのですが、ずっと続けているうちに
いろんなサイズもつくるようになりました。
http://www.h7.dion.ne.jp/~kuna/

1. 取扱店 2. 出品サイト 3. 参加イベント

1. タイムロマン（兵庫 神戸）
   AMULET（p.5 参照）
3. テディベアフェスティバル

ねごろ あきこ

幼い頃からのパンダ好きが高じ
フェルトパンダづくりを開始。
ふだんは音楽の先生をしています。
どこかで誰かの心が和みますように
と願いながら、のんびり、ちくちく
つくっています。

1. 取扱店 2. 出品サイト 3. 参加イベント

1. AMULET（p.5 参照）

スモッキング Atelier Green
(あとりえ ぐりーん)

布にひだを寄せながら刺繍する
『スモッキング』という技法をつかって
洋服や布小物を製作しています。
ノスタルジックな雰囲気を持つ
かわいらしい刺繍です。
http://www016.upp.so-net.ne.jp/atelier-green/

1. 取扱店 2. 出品サイト 3. 参加イベント

1. AMULET（p.5 参照）
3. デザインフェスタ

conana
<small>こ な な</small>

おいしいものと猫には目がない23才。
たまに歌います。
thhp://conanazakka.com/

1. 取扱店　2. 出品サイト　3. 参加イベント
1. SpicaRocca（栃木 宇都宮）
   Bobinage（東京 吉祥寺）
   AMULET（p.5 参照）

moco
<small>も こ</small>

ちいさくてかわいくて微笑ましいものを
つくりたい、手づくりのぬくもりを
伝えたい、そんな思いで一針一針チクチクと
手縫いでつくっています。
http://moco-channel.cocolog-nifty.com/blog/

1. 取扱店　2. 出品サイト　3. 参加イベント
1. irodoriya（東京 渋谷）
   AMULET（p.5 参照）

still
<small>すてぃる</small>

フエルト、樹脂など様々な素材で
アクセサリーやコサージュを制作。
stillの「やさしい原色」が日常にいろを
添えるよう思いを込めひとつひとつ
つくっています。
http://ameblo.jp/still-articles/

1. 取扱店　2. 出品サイト　3. 参加イベント
1. cafe & gallery LUPOPO（東京 三軒茶屋）
2. creema　**http://www.creema.jp/c/still-things**
   検索キーワード「still creema」
3. デザインフェスタ

村瀬 夏子 / natsuko.m.
<small>むら せ なつ こ　なつ こ えむ</small>

ニードルフェルト、ウェットフェルト
手編み、糸紡ぎ、天然染色の技法などを
つかって物語のある作品をつくっています。
1999年初個展以降個展グループ展
イベント出展多数。
spiralcraft.blogspot.jp

1. 取扱店　2. 出品サイト　3. 参加イベント
1. 古今東西雑貨店イリアス（東京 谷中）
   眠れる森（京都）
   AMULET（p.5 参照）
2. **http://www.etsy.com/**
   検索キーワード「natsukom」
3. 東中野エカイエにて不定期に
   ワークショップ開催

chiot.R
<small>し お あーる</small>

帽子メーカーでのサンプル制作を経て
2003年「chiot.R（シオ．アール）」の
活動開始。
ニット作品の販売、教室
ワークショップなど。
http://chiot-r.com/

1. 取扱店　2. 出品サイト　3. 参加イベント
1. SAKKA no ZAKKA（東京 国立）
   cabinet ATELIER（名古屋 栄）
   AMULET（p.5 参照）
3. 鬼子母神 手創り市（東京）

この本に登場した手づくり作家さんのプロフィール 165

nijico
にじこ

布と糸で絵を描くように、身近にある
アイテムをデザイン／制作しています。
顔モチーフの "nico"、動物モチーフの
"森の住人"、カラフルな "Circus!" などの
シリーズを軸に展開。
http://niniie.com

1. 取扱店 2. 出品サイト 3. 参加イベント
1. AMULET（p.5 参照）
2. creema **http://www.creema.jp/**
　検索キーワード「nijico」
3. デザインフェスタ
　鬼子母神 手創り市（東京）

R工房
あーるこうぼう

羊毛とフェルティングニードルでお人形を
制作しています。かわいくて温かみのある
作品をつくっていきたいと思います。
イベント参加時はブログでお知らせ。
http://rkooboo.blog.fc2.com/

clover n*
くろーばー えぬ

多摩美術大学クラフトデザイン専攻卒。
彫金、陶器製作の後、ガラスの美しさに
ひかれて今にいたっています。
キラキラ輝くガラスの力を借りて、夢のある
世界を表現して行きたいです。
http://clovern.petit.cc

1. 取扱店 2. 出品サイト 3. 参加イベント
1. Rabbit DEPARTMENT（横浜 赤レンガ倉庫）
　グラスギャラリー・すみと（茨城 笠間）
　AMULET（p.5 参照）
2. iichi **http://www.iichi.com/**
　検索キーワード「clover n*」

: trunk: chiyo
とらんく ちよ

イラストレーター。イラストやアート活動や
商品の企画制作など、様々な分野で活動中。
:trunk:…"旅行のトランクケースに楽しい
ものを詰め込んで旅に出よう" という
コンセプトのもとつくられている
楽しいグッズたち。
http://www.in-the-trunk.com/

1. 取扱店 2. 出品サイト 3. 参加イベント
1. Rabbit DEPARTMENT (横浜 赤レンガ倉庫)
　COMMUNICATION MANIA (東京 後楽園ラクーア /
　新宿マルイアネックス / 中目黒)
　LeLe Junie Moon (東京 新宿マルイワン)
　AMULET（p.5 参照）
2. http://trunk-shop.ocnk.net/
3. 期間限定ショップ＆ワークショップ
　(西武渋谷 サンイデー)

MAJO
まほ

動植物をモチーフに、古代ペルシャから
スペインへ渡ったラスター (虹彩) 技術を
もとに、地上に備わる素材に感謝し大切に
活かしつつ器や雑貨を制作。
くらしの中でほっとしたいひと時、傍らに
置いて頂けましたら幸いです。
http://majo.moo.jp

1. 取扱店 2. 出品サイト 2. 参加イベント
1. 喜劇駅前食堂（長野 八千穂）
　カンティーニョ ダス ファダス（東京 祐天寺）
　hug（京都 河原町）
2. **http://ninni-koenji.jugem.jp**
　検索キーワード「MAJO」
3. ギャラリー悠玄（東京 銀座）
　サロン 蝶や（鎌倉 小町）
　ギャラリーひなた（大阪 谷町）

a ✳ n / nanika-tsukuru

「毎日ごはんを食べるみたいに、自然に
何かをつくっていたい」という想いのもと
西東京市でものづくりをしています。
羊毛を染めたり紡いだりつつんだりして
雑貨をつくっています。

http://nanika-tsukuru.com/

1. 取扱店　2. 出品サイト　3. 参加イベント

1. LilyFactory（東京 西東京）
   VenusVillage（東京 自由が丘）
2. creema　http://www.creema.jp/
   検索キーワード「nanika-tsukuru」

一ツ木 香織

ちいさいけれどそこに世界が広がるような
作品づくりを目指しています。
壁に絵を飾るよりもっとお手軽に手に取って
本のように開いたり閉じたりできるちいさな
オブジェを立体絵画と名付け制作。

http://sakurakouji.jugem.jp/

1. 取扱店　2. 出品サイト　3. 参加イベント

1. Too-ticki（東京 高円寺）
   ニヒル牛2（東京 西荻窪）
   AMULET（p.5 参照）
2. creema　http://www.creema.jp/
   検索キーワード「一ツ木香織」

Sleepy Sheep

2004年よりフェルト作家として活動開始。
動物、女の子、フード、建物など、あらゆる
モチーフでフェルト作品を制作。
ギャラリーでの展示や百貨店でのイベント
参加の他、本や広告の作品制作も担当。

http://www.sleepysheepsoap.com/

1. 取扱店　2. 出品サイト　3. 参加イベント

1. AMULET（p.5 参照）

Musta Kissa

羊毛フェルトにはじめて触れてから約4年
気づいたら人形ばかりつくっています。
連れて帰ってくださった方の、その時々の
気持ちに寄り添えるような人形になれれば
うれしいです。

http://mustakissa.jimdo.com/

1. 取扱店　2. 出品サイト　3. 参加イベント

1. OILIFE（東京 江古田）
   AMULET（p.5 参照）
2. iichi　http://www.iichi.com/
   検索キーワード「Musta Kissa」

KeiFerida

ロンドンにてデザイン、洋裁技術を学ぶ。
帰国後はカラーアナリストや専門学校
企業研修の講師としても活動。
現在はオーダーメイド婦人服の制作とビーズ
刺繍の小物や既成服の作品も手がけている。

http://keiferida.exblog.jp/

1. 取扱店　2. 出品サイト　3. 参加イベント

1. AMULET（p.5 参照）
2. オートクチュール.com　http://autecouture.com/
   検索キーワード「KeiFerida」

gren*

乙女ブローチやレトロなアクセサリーなど
手づくりしています。どこか温く、時間が
経っても大事にされるものづくりを
心がけています。身に着けていると、何これ？
と言われてしまう驚きを潜めたいです。

http://hisuigreen.web.fc2.com/

1. 取扱店　2. 出品サイト　3. 参加イベント

1. i.v.y(愛媛 松山)
   AMULET（p.5 参照）
2. creema　http://www.creema.jp/
   検索キーワード「乙女ブローチ」
3. 相模大野アートクラフト市
   デザインフェスタ

この本に登場した手づくり作家さんのプロフィール 167

A. S. P　しばた あい
えー えす びー

紙を使ってアクセサリー・カード・額の
作品などを製作、Ｓｈｏｐやイベントなどで
展示販売しています。
あたたかな気持ちになっていただけるような
そんな作品づくりを心がけています。
http://ameblo.jp/ai-tedukuri/

1. 取扱店 2. 出品サイト 3. 参加イベント
1. andyque（川崎）
　 AMULET（p.5 参照）
3. OZONE クラフトマーケット
　 染の小道（東京 新宿）

原田 ひこみ
はら だ

コラージュ作家。
紙コラージュとニスを使ったデコパージュの
方法でアクセサリーや雑貨を制作。
『コラージュ デコレーション Book』
河出書房新社より発売中。
http://www.hicomii.com/

1. 取扱店 2. 出品サイト 3. 参加イベント
1. ninni（東京 高円寺）
　 AMULET（p.5 参照）

molintika et agneauco
もりんちか え あにょ こ

お絵描き好きのモリンチカちゃんと
お料理好きのアニョコちゃん。
ふたりでひそひそ相談していろんな素材で
いろんな作品を制作しているよ。
異国を夢見る手工芸ユニット。
http://molintikaetagneauco.com/

atelier bloom
あとりえ ぶるーむ

プリザーブドフラワーを用いた花かざりと
アクセサリーを制作しています。
オンラインショップ、取扱店、イベントでの
販売の他、ワークショップを開催。
手に取っていただいた方の日々が
花開きますように。

1. 取扱店 2. 出品サイト 3. 参加イベント
1. ディペッシュティアラ表参道（東京 青山）
　 cafe UTOKU（東京　町田）
　 AMULET（p.5 参照）
2. DANTE http://dan-te.jp/gallery/atelierbloom
　 検索キーワード 「atelierbloom」
3. ホームクチュリエ（日本ヴォーグ社）
　 みんなの市（埼玉）

くにはら ゆきこ

古着で人形やストラップやブローチを
つくっています。
東京、大阪、京都のデパート催事や雑貨店で
販売中。ブログ「にゃんと鳴く。」で
イベントなどの告知をしているので
ご覧ください！！
http://mamushi9.blog37.fc2.com/

1. 取扱店 2. 出品サイト 3. 参加イベント
1. Dahlia（東京 原宿）
　 Tapie style（大阪 心斎橋）
　 Duce mix shop（京都　烏丸御池）
　 AMULET（p.5 参照）
3. 鬼子母神 手創り市（東京）

morainsanba
<ruby>も<rt></rt></ruby>らいんさんば

動物たちと遊んだり、お喋りしたいと
思いながらつくっていくうちに
首、手足が動き、人間の体を持つ動物人形に
仕上げる事ができました。
皆さまのお側に行った人形たちがいろいろな
お喋りをしてくれるよう願っています。
http://morainsanba.com/

ALCHEMILLA
あるけみら

本物のお花や天然石を素材とする
世界でたった一つのアクセサリー。
妖精たちが身につける装身具のような
幻想的な世界観を展開しています。
ウェブでの販売の他、不定期開催の
イベントを中心に活動しています。
http://www.alchm.com/

1. 取扱店　2. 出品サイト　3. 参加イベント

2. creema　http://www.creema.jp/
   検索キーワード「アルケミラ」
3. Gallery KOMPIS（東京 都立大学）

uzum
うずむ

2007年より刺しゅう小物の製作をはじめる。
鳥や花などのモチーフを中心に
かわいらしさのなかにも品のある
あたたかい作品づくりを目指しています。
現在、双子の育児中のため
活動はかなりゆっくりペースです。
http://www.ab.cyberhome.ne.jp/~uzum/

1. 取扱店　2. 出品サイト　3. 参加イベント
1. AMULET（p.5 参照）

内藤 貴子
ないとう たかこ

物語のあるクイリング作家を目指しています。
クイリングはあまり知られていません。
クイリング普及活動にも力を入れています。
著書『大好き！クイリング』
日貿出版社より発売中。
http://takaquilling.blog9.fc2.com/

noconoco
のこのこ

ぬいぐるみメーカーに7年間勤務後フリーに。
さまざまな素材を駆使して
パターンからおこして制作しています。
"大人が持ちたいぬいぐるみ"を
コンセプトに温もりが伝わるような
作品づくりを目指しています。
http://rendan.holy.jp/noconoco/Ntop.html

1. 取扱店　2. 出品サイト　3. 参加イベント
1. 雑貨店カナリヤ（大阪）
   vanille（三重）
   ha-na（東京 自由が丘）
2. DANTE　http://dan-te.jp/gallery/noconoco
   検索キーワード「noconoco ぬいぐるみ」
3. デザインフェスタ
   ozone クラフトマーケット
   Bunkamura craft collection

この本に登場した手づくり作家さんのプロフィール 169

chalk
<ちょーく>

季節の暮らしに寄りそう"手づくり"を
楽しむちょっとしたモノ
（クリアスタンプやコラージュ材料など）を
つくり販売しています。
スクラップブッキング・クラフト作家
企画・販売。ScrapBookingAir 主宰
www.co-sa.com

1. 取扱店　2. 出品サイト　3. 参加イベント
3. モノづくり市（台東区）
　　郵便フリマ（てぃぱーく）

hatch
<はっち>

主に天使、妖精の人形やアクセサリーなどを
粘土でつくっています。
この世界で目にした美しいものへの感動を
込めて作成しています。
http://ameblo.jp/kkk0503/

1. 取扱店　2. 出品サイト　3. 参加イベント
1. 竜の棲むところ（東京 西大島）
　　tea studio y2（東京 府中）
2. creema　**http://www.creema.jp/hatch**
　　検索キーワード「hatch」

yuikonda
<ゆいこんだ>

着け心地が軽く、お守りのようにずっと身に
つけたくなるようなアクセサリーを天然石や
パール、金や銀や真鍮、シルクやリネンを
つかってつくっています。
箱に入れてお届けしていますので
贈りものにもおすすめです。
http://www.yuikonda.com

1. 取扱店　2. 出品サイト　3. 参加イベント
1. ハイジ（東京 中目黒）
　　AMULET（p.5 参照）
2. iichi　**http://www.iichi.com/**
　　検索キーワード「yuikonda」

J
<ジェイ>

"普段使いできるかわいいもの" を
コンセプトに、本革 × 布＋手刺繍などで
ハートモチーフの小物づくりをしています。
気まぐれに、ガーリーでクラシカルな服や
アンティークパーツを使用した一点ものの
バッグも製作中。
http://petit-marche-j.cocolog-nifty.com/jei/

1. 取扱店　2. 出品サイト　3. 参加イベント
1. Romantica* 雑貨室（東京 谷中）
　　AMULET（p.5 参照）
2. iichi　**http://www.iichi.com/**
　　検索キーワード「本革ポーチ J」

手芸工房☆冬の星
<しゅげいこうぼう　ふゆ　の　ほし>

空気の澄んだ冬の夜空に輝く星のように
キラリと光る作品を。
そんな想いを込めてかぎ針編みの作品を
つくっています。
百貨店の催事やショップでの委託販売
個展を中心に活動中です。
http://ameblo.jp/fuyunohoshi/

1. 取扱店　2. 出品サイト　3. 参加イベント
1. Child with a Dove（大阪 南船場）
　　シャトーダベイユ（大阪 本町）
　　AMULET（p.5 参照）
2. tetote　**http://tetote-market.jp/**
　　検索キーワード「手芸工房☆冬の星」

北原 裕子
きたはら ゆうこ

家や教会、花、鳥などの身近なモノを
モチーフに、飾ったり身につけたり
つかったりできる陶小物をつくっています。
東京・西荻窪を中心に、全国のお店に
納品しています。
ちまちまこねこね日和 buuchanday.exblog.jp

1. 取扱店 2. 出品サイト 3. 参加イベント

1. galerie non（東京 西荻窪）
   Mademoiselle Yako（東京 蔵前）
   Sleeping Forest（京都）
   AMULET（p.5 参照）
2. http://www.natural-basket.com/
   検索キーワード「北原裕子」
3. 北原裕子作品展（毎秋 西荻窪 galerie non）

こむらたのりこ ko*mu

手のひらにのるちいさなぬいぐるみから
大きなパペット、フリーステッチの
刺しゅうなど・・・
子どもから大人まで、楽しんでいただける
ような手づくりをしています。

1. 取扱店 2. 出品サイト 3. 参加イベント

1. メリーメリークリスマスランド（仙台 青葉区）
   シロツメ社 ※ ウェルカムドール制作（東京 新宿）
   AMULET（p.5 参照）
3. メリーメリークリスマスランド " ko*mu 展 "
   （10月頃開催）

URBAN SAFARI
あーばん さふぁり

身につける野生をコンセプトに
アクセサリーを制作してます。
http://www.facebook.com/urbansafariiiii

1. 取扱店 2. 出品サイト 3. 参加イベント

1. Dahlia (東京 原宿)

siuil a run
しゅらるる

羊毛フェルトで動物・女の子のブローチや
ストラップなどを主につくっています。
かわいくて何度も見てしまいたくなるような
もの、かたわらに置いておきたくなるような
ものを制作したいと思っています。
http://nanos.jp/tiruk/

1. 取扱店 2. 出品サイト 3. 参加イベント

2. http://bdstore.jp/
   検索キーワード「siuil a run」

アトリエ原始人
あとりえ げんしじん

2009 年より布をつかってシャンデリア
仏像などを制作し、デザインフェスタや
グループ展などで販売。
かっちりしたものをくたっとつくることに
日々研究を重ねています。
http://ateliergenshijin.cocolog-nifty.com/blog/

1. 取扱店 2. 出品サイト 3. 参加イベント

1. Dahlia (東京 原宿)
   AMULET（p.5 参照）
2. creema http://www.creema.jp/
   検索キーワード「アトリエ原始人」

sakusaku
さくさく

京都市立芸術大学陶磁器科卒業後
陶 作々（sakusaku) をひらく。
ねこをメインモチーフとした陶を制作。
器にかぎらない自由なかたちや使い方の
陶で活動中。
http://www.sakusaku-studio.com/

1. 取扱店 2. 出品サイト 3. 参加イベント

1. MEOW MEOW（東京 高幡不動）
   茶房 高円寺書林（東京 高円寺）
   趣味の店 かいとう（京都 桂）

この本に登場した手づくり作家さんのプロフィール

teilleul
て　い　ゆる

柏屋友恵 / コサージュ制作。
庭の花を摘み残しておきたくてかたちに
していたらそれはコサージュとなった。
すべては実際に感じたいろとかたち。
http://www.les-arbres-et-plantes.com

1. 取扱店　2. 出品サイト　3. 参加イベント
1. toki no niwa (山形)

muzina
む じ な

大阪デザイナー専門学校卒、グラフィック
デザイナーを経1995 年頃より関西を中心に
ビーズの立体動物、オリジナルキャラクター
等を手づくり市、雑貨店、百貨店催事
などにて発表、販売開始。
http://muzina.ocnk.net/

1. 取扱店　2. 出品サイト　3. 参加イベント
1. ARTHOUSE （大阪 北堀江）
3. 京都知恩寺 百万遍さんの手づくり市
   京都上賀茂神社 上賀茂手づくり市

薔薇 hime
ば ら ひめ

ロマンティックでノスタルジックで
アンティークな…乙女いろ。
でも、私は私！って自信を持てる
ほんの少しパンク的なスパイスのきいた
特別なアクセサリー。世界でひとつだけの
薔薇色のシアワセが届きますように…
http://plaza.rakuten.co.jp/baraxxhime/

1. 取扱店　2. 出品サイト　3. 参加イベント
1. 鏡の国のアランデル (東京 新宿マルイワン)
   Arundel(東京 自由が丘)
   眠れる森 (京都 白梅町)
   AMULET （p.5 参照）
2. http://shop-online.jp/barahime/
   検索キーワード「薔薇 hime」

すずらんまーち

レトロでかわいいい″をテーマに
手のひらサイズのちいさな陶器（ビスク）の
人形や動物たちを制作しています。
甘くて淡い砂糖菓子のような人形たちを
どうぞよろしくお願いします♪
http://suzuranmarchi.blog109.fc2.com/

1. 取扱店　2. 出品サイト　3. 参加イベント
1. LeLe Junie Moon (東京 新宿)
   Pupi et Mimi.（東京 代官山）
   AMULET （p.5 参照）

mannenRou
まん ねん ろう

高知県生まれ、高知県在。
2007 年よりmannenRou として羊毛、布
毛糸、流木などをつかい人形やアクセサリー
洋服などつくっています。
http://www.geocities.jp/todaimori_mannenrou/

馬籠 静
（まごめ しずか）

清水焼の絵付師として就業後、独立しました。
陶磁器雑貨ブランド「陶磁器工房 静」と
馬籠 静の作家名で活動しています。
絵づけをすることは、使っていただく方の
幸せの祈りを込めることだと思っています。
http://www.ab.auone-net.jp/~shizuka/

1. 取扱店　2. 出品サイト　3. 参加イベント
1. イン・ザ・ムード（京都高島屋 阪急梅田店）
   カナリヤ（大阪 西天満）
   Zakka Skip（大阪 枚方）
2. **http://ichiri-mall.jp/**
   検索キーワード「帯留め」
3. OSAKA アート＆てづくりバザール

lull
（らる）

2002 年よりアクセサリーブランドへの
卸を開始。全国のセレクトショップや
雑誌通販などでの販売経験を経て
2008 年にオリジナルブランド lull として
活動を開始、様々なショップや
イベントにて活動中。

1. 取扱店　2. 出品サイト　3. 参加イベント
1. Eckepunkt（東京 自由が丘）
   kanon（山梨）
   AMULET（p.5 参照）
2. **http://kanon-oto.ocnk.net/**

megu
（めぐ）

北海道出身。
AMULET との出逢いから手描きのイラストと
樹脂を組み合わせたアクセサリー中心に
制作しています。
これからゆっくり活動の場を広げていく
予定です♪

1. 取扱店　2. 出品サイト　3. 参加イベント
1. AMULET（p.5 参照）

jujube
（じゅじゅぶ）

手描きの絵を布に一色一色手作業で印刷し
洋服や雑貨などをつくっております。
憧れている野生の動物や植物の
柄が多いです。
http://www.facebook.com/pages/jujube-textile/495053157205950

1. 取扱店　2. 出品サイト　3. 参加イベント
1. AMULET（p.5 参照）

katachi-gurumi
（かたち ぐるみ）

面白いもの　楽しいこと　不思議なこと・・・
目に見えるものも　そうでないものも
ボタンというちいさなカタチ（世界）へ
クルミ込む。
機能だけでなくストーリーをもった
絵本のようなボタンを制作しています。
http://katachigurumi.com

1. 取扱店　2. 出品サイト　3. 参加イベント
1. pekka（三重菰野町 CAFE SNUG 内）
   manumobiles（名古屋）
   AMULET（p.5 参照）

この本に登場した手づくり作家さんのプロフィール 173

ウエノミホコ

東京在住。
羊毛で20cmくらいの人形をつくっています。
人形をつかったコマ撮り動画もたまに
つくったりしています。
書籍『羊毛で作る はじめてのかわいいドール』
（河出書房新社）

1. 取扱店 2. 出品サイト 3. 参加イベント

1. TuRu Legend（滋賀 長浜）
   Hakmokren（滋賀 東近江）
   AMULET（p.5 参照）
2. iichi **http://www.iichi.com/**
   検索キーワード「ウエノミホコ」

ao11
あおじゅういち

ao11（あおじゅういち）は、木製ブローチ
アクセサリーを制作しています。
子どもの頃の気持ちや宝物など、どこか
懐かしく初々しいそんなあおいものを
かたちにしたいと思っています。
http://aoiao11.web.fc2.com/

1. 取扱店 2. 出品サイト 3. 参加イベント

1. cheer（北海道 札幌）
   Books and Crafts SARANA（愛知 岡崎）
   coeur（京都）
   AMULET（p.5 参照）

神保町 手芸部
じん ぼう ちょう しゅ げい ぶ

神保町で80歳の祖母と西洋陶芸で
様々なせいかつのなかでつかうものを
つくっています。
おうちやすべりだいやおはなのオブジェなど
つくりだしたらとまりません。
http://jimbochou.com

1. 取扱店 2. 出品サイト 3. 参加イベント

1. ミマツ靴店（東京 神保町）
2. **http://minne.com** 検索キーワード「西洋陶芸」

Woolen Dogs*Samantha*
うー れん どっぐす さまんさ

羊毛作家。リアルだけどかわいい！を
コンセプトに動物を製作。
東京のAMULET、大分のcountrymarketで
さまざまな企画展に参加させていただいたり
東京・熊本へ動物たちを送りだしたり
しています。愛玩動物飼養管理士1級資格。
http://cminfo.exblog.jp/

1. 取扱店 2. 出品サイト 3. 参加イベント

1. WALET（熊本）
   ミドリネコ舎（熊本）
   AMULET（p.5 参照）

Qucco
くっこ

謄写版（ガリ版）や手刺繍でオリジナルの
図案を描いたがまぐちを制作しています。
手の平サイズから、ちょっとした
お出かけにつかえるバッグまで
さまざま取りそろえています。
http://qucco.ocnk.net/

1. 取扱店 2. 出品サイト 3. 参加イベント

1. motif（愛知 犬山）
   marone（千葉 木更津）
   kurasi（北海道 恵庭）
2. creema **http://www.creema.jp/**
   検索キーワード「Qucco」
3. クリエーターズマーケット

Babyeye
<ruby>ベ<rt>べ</rt></ruby><ruby>ビ<rt>び</rt></ruby><ruby>ー<rt></rt></ruby><ruby>ア<rt>あ</rt></ruby><ruby>イ<rt>い</rt></ruby>

オリジナルシリコン型に樹脂を流し
押花や洋書、アンティークレースやビーズ
ビンテージパーツなどを封入し
ボタンやアクセサリーを制作しています。
普段づかいできるアクセサリーみたいな
ボタンづくりが大好きです。
http://blog.goo.ne.jp/ba-ai-kuntarou/

1. 取扱店 2. 出品サイト 3. 参加イベント
1. cucirina（東京 玉川）
   flowers　glow（北海道　函館金森洋物館内）
   加トウコマモノ店（北海道　釧路）
   AMULET（p.5 参照）
3. ボタン研究所
   （旅するボタンが各地を巡っています）
   http://botan-laboratory.jimdo.com/
   simple＋（釧路）

ＢＩＮＳ
<ruby>び<rt>び</rt></ruby><ruby>ん<rt>ん</rt></ruby><ruby>ず<rt>ず</rt></ruby>

羊毛フェルトをつかって見ていただいた方に
ニタ〜っと笑っていただＫけるような作品
づくりをほそぼそとやっております。
これからは違う素材も挑戦しながら
つくっていきたいと思います！
bins.blog92.fc2/

1. 取扱店 2. 出品サイト 3. 参加イベント
1. カナリヤ（大阪）
3. 雑貨と喫茶とギャラリーとひなた　（企画展）

MABOROSHIworks / 有田 守宮
<ruby>ま<rt>ま</rt></ruby><ruby>ぼ<rt>ぼ</rt></ruby><ruby>ろ<rt>ろ</rt></ruby><ruby>し<rt>し</rt></ruby>　<ruby>わ<rt>わ</rt></ruby><ruby>ー<rt></rt></ruby><ruby>く<rt>く</rt></ruby><ruby>す<rt>す</rt></ruby>　<ruby>あ<rt>あ</rt></ruby><ruby>り<rt>り</rt></ruby><ruby>た<rt>た</rt></ruby>　<ruby>や<rt>や</rt></ruby><ruby>も<rt>も</rt></ruby><ruby>り<rt>り</rt></ruby>

2012年にMABOROSHIworksとして
クラフト分野での活動を開始。
ファインアートとクラフトを行ったり来たり。
絵描として活動しながら、羊毛・布で鳥や
動物をつくっています。
http://maboroshiworks.jimdo.com/

林 美奈子
<ruby>はやし<rt>はやし</rt></ruby>　<ruby>み<rt>み</rt></ruby><ruby>な<rt>な</rt></ruby><ruby>こ<rt>こ</rt></ruby>

日常と非日常の間に漂う粒々の採集と研究。
古い紙と記憶のコラージュ。
http://hayashiminako.blog33.fc2.com/

1. 取扱店 2. 出品サイト 3. 参加イベント
1. SERAPHIM（東京 国立）

al.kichen
<ruby>えーえる<rt>えーえる</rt></ruby>　<ruby>きっちん<rt>きっちん</rt></ruby>

世界を旅するかっぱ族。

Abies firma
<ruby>あびえす<rt>あびえす</rt></ruby>　<ruby>ふぃるま<rt>ふぃるま</rt></ruby>

Abies firma（アビエス　フィルマ）は樅の木。
ツリーを飾る時のような、なんだかワクワク
楽しかったり、キラキラときめいたり
ほっと和んでもらえるようなものを
つくりたいと思っています。
http://www.abies-firma.com/

1. 取扱店 2. 出品サイト 3. 参加イベント
1. 雑貨店おやつ（京都 桂）
   AMULET（p.5 参照）
2. creema http://www.creema.jp/
   検索キーワード「Abies firma」

コンペイトウノミツ

捨ててしまうようなレースや、生地のハギレ。
私にとっては宝物。ひろい集めて御洋服に
閉じ込めます。
http://masudayu-coco.jimdo.com/

1. 取扱店 2. 出品サイト 3. 参加イベント
1. hana-Ringo（神奈川 小田原）
   saLadbowL（東京 下北沢）
   chiku-chiku（福岡 北九州）
   AMULET（p.5 参照）
2. minne http://minne.com/
   検索キーワード「connpeitou」

この本に登場した手づくり作家さんのプロフィール

sono

クイリング・消しゴムはんこ
パーチメントクラフト作家。
心がほわっと温かくなるよな
繊細でかわいいものをハンドメイド。
http://90chocolat.blog.fc2.com/

Exprimer / kaoru

グラフィックデザイナーでもあり
作家活動を開始。花雑貨、アクセサリー
紙ものなどさまざまな分野で活動中。
イベントやワークショップ
コラボレッスンなども行っています。
http://exprimer.co.jp/

1. 取扱店 2. 出品サイト 3. 参加イベント
2. creema http://www.creema.jp/
検索キーワード「Exprimer」
3. 中央林間手づくりマルシェ

deux cocons

高校服飾科を卒業後、アパレル勤務を経て
パティシエに転身。その後、刺繍の魅力に
目ざめ作家活動を開始。
2007 年からは deux cocons として
自然をモチーフにした刺繍作品
(主にブローチ) を中心に制作活動を継続中。
deuxcocons@hotmail.co.jp

1. 取扱店 2. 出品サイト 3. 参加イベント
1. 小さなあとりえ＊薔 (神戸 北野異人館街)

Merci ＊ Mercerie

なんでもないシャツのボタンや木の実など
意外な素材が美しいアクセサリーに
変わっていく様が好きです。
そんな変身を楽しみながらアンティーク調の
アクセサリー・小物の制作をしています。

1. 取扱店 2. 出品サイト 3. 参加イベント
1. AMULET (p.5 参照)
3. 鎌倉レンタルスペース・ミッキー
   制作ユニット「メゾン・ド・963」

花音舎 / 岩田 由美子

イギリス王立刺繍学校で
サーティフィケートコース修了後
講習会、本の仕事を主にしております。
スタンプワーク、ゴールドワークは
もちろんのこと、多種の刺繍作品を
皆さんとつくっています。
ヴォーグ社のステッチ idees に作品を
のせていただいてます。
http://hanaotosya.com/

Hongou's Factory

ロマンティックであること。
エレガントであること。そこに加えて
「楽しさ」があること…を信条に
一点もののお洋服を製作。
一歳児の育児にてんやわんやしつつも
今日も一針入魂、心を込めて針を運びます。
http://hongous-factory.cocolog-nifty.com/

1. 取扱店 2. 出品サイト 3. 参加イベント
1. ＯＶＡＬ (京都)

夢みるかわいい手づくり雑貨　1000の手芸

編　　集　　くりくり編集室　石坂寧

デザイン　　石坂寧
撮　　影　　わだりか　星野スミレ
モ デ ル　　うめはらはつみ　一ツ木香織　増田裕子
文　　章　　石坂寧
編集協力　　加門佑人　マロン堂　神保町手芸部　まっちゃん　たあちゃん

発　　行　　株式会社 二見書房
　　　　　　東京都 千代田区三崎町 2-18-11
　　　　　　Tel. 03-3515-2311（営業）03-3515-2313（編集）
　　　　　　振替　00170-4-2639

印刷・製本　図書印刷株式会社
落丁、乱丁本はお取り替えします。定価はカバーに表示してあります。

© AMULET 2013, Printed in Japan.
ISBN978-4-576-13029-3
http://www.futami.co.jp